Cleopatra
Jacob Abbott

埃及艳后
罗马内战与托勒密王朝的覆亡
全景插图版

[美] 雅各布·阿伯特 著

刘莉 译

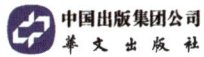

图书在版编目（CIP）数据

埃及艳后 /（美）雅各布·阿伯特著；刘莉译. --
北京：华文出版社, 2019.1（2021.6重印）
（美国国家图书馆珍藏名传）
ISBN 978-7-5075-4946-1

Ⅰ.①埃… Ⅱ.①雅… ②刘… Ⅲ.①克利奥帕特拉
七世(KleopatraⅦ 前69—前30)—传记 Ⅳ.
①K834.117=2

中国版本图书馆CIP数据核字(2018)第162180号

埃及艳后
AIJIYANHOU

作　　者：	[美] 雅各布·阿伯特
译　　者：	刘莉
选题策划：	盛世章华
插图供应：	029—85504182
责任编辑：	胡慧华
出版发行：	华文出版社
社　　址：	北京市西城区广外大街305号8区2号楼
邮政编码：	100055
网　　址：	http：//www.hwcbs.com.cn
电　　话：	总编室010—58336239　发行部010—58336267
	责任编辑010—58336197
经　　销：	新华书店
印　　刷：	北京画中画印刷有限公司
开　　本：	880×1230　1/32
印　　张：	9.75
字　　数：	171千字
版　　次：	2019年1月第1版
印　　次：	2021年6月第2次印刷
标准书号：	ISBN 978-7-5075-4946-1
定　　价：	48.00元

版权所有　侵权必究

出版说明

《美国国家图书馆珍藏名传》共 22 册，作者是美国著名历史学家、教育家雅各布·阿伯特。他以独特的视角研究公元前 7 世纪到公元 18 世纪 2500 年的世界史，最后写出了这套影响深远的人物传记。读者能通过阅读这些风云人物，更好地理解那段历史、那段时光，这是我们出版这套书的最大良善。为更好地使读者全面了解该丛书，现作如下说明：

一、关于版本。据不完全统计，这套丛书的英文版多达上百个。其中，以哈珀兄弟出版公司于 1904 年出版的版本最具代表性和权威性。本丛书正是根据该版翻译而成，以保证版本的质量。

二、关于插图。这些人物距现代已经很久远了。读者可能会问：他们长什么样子？穿什么衣服？仗是如何打的？外交是如何谈的……为了让读者更形象地了解当时的历史，我们精心为各书选配了约百幅插图。这些插图包括但不限于油画和版画。我们希望，通过品味插图的艺术之美，读者获得一种不是穿越胜似穿越的强烈体验，从而更好地对当时的风土人情有更直观的体察。

三、关于注释。为了确保内容的正确性、权威性，版权方进行了大量的考证工作。考证的结果以注释的形式体现。另外，内文中很多涉及地图的地方，我们尽量尊重作者，尊重历史，保存原貌，如有出入，请读者认真分辨。

四、关于译者。本丛书由多所大学的一线英语老师及教授翻译而成。各位老师治学严谨，文笔优美，为确保丛书的质量奉献良多。在此，深表敬意。其中，《埃及艳后》一书由西北师范大学刘莉老师翻译而成。

尽管出版前我们做了许多工作，但不足之处实难避免，欢迎读者朋友多提宝贵意见。

原 序

在历史的长河中，美女如云，但没人能像克利奥帕特拉七世——即埃及艳后的美貌那样令世人折服。她的美貌不仅改变了罗马共和国的命运，也改变了世界的命运。她的美貌让率领罗马军团从卡诺帕斯到泰晤士河一路所向披靡的恺撒大帝拜倒在她的石榴裙下。她的美貌使丢下军队和国家、舍弃荣誉的马克·安东尼宁肯落得身败名裂的下场也在所不惜。最终，丢盔卸甲的她被冷若冰霜的屋大维[①]擒获。屋大维一边冷眼打量她那绝世的容颜，一边想带着她举行炫耀式的游行。为了避免到罗马遭受惩罚和羞辱，她用一条有毒的小蛇——角蝰——结束了自己的生命。

---

① 全名盖乌斯·屋大维·图里努斯。——译者注

目 录

第一章　尼罗河谷 ·············· 001

埃及的地形地貌——降水规律——改变降水量的因素——鲜明的对比——亚洲和非洲广阔的无雨区——无雨区的分布——尼罗河谷——红海——斯沃绿洲——月亮山脉持续不断地降水——尼罗河泛滥——河道——繁茂的植被——森林的缺失——伟大的埃及文明——丰碑——尼罗河三角洲——从海上看到的三角洲——尼罗河的佩罗锡克河口——卡罗皮克河口——古埃及——金字塔——波斯人和马其顿人的征服——托勒密王朝——亚历山大港的建立——灯塔

第二章　托勒密王朝 ·············· 023

托勒密王朝的缔造者——马其顿王国的腓力二世——计划暴露——托勒密一世被放逐——亚历山大大帝即位——托勒密一世被提拔——亚历山大大帝驾崩——托勒密一世自立为王——托勒密一世统治的特点——托勒密一世禅位——托勒密·费拉德尔弗斯——托勒密一世之死——托勒密国王们相继堕落——托勒密家族乱伦——托勒密·菲斯干——名字的来源——托勒密·菲斯干继位的背景——克利奥帕特拉——托勒密·菲斯干的背信弃义——迎娶自己的继女——托勒密·菲斯干的残暴——托勒密·菲斯干出逃——克利奥帕特拉掌权——生日——菲斯干的暴行——克利奥帕特拉的悲痛——托勒密家族的性格特征——拉塞卢斯——拉塞卢斯和克利奥帕特拉的激烈争吵——克莉奥帕特

拉的残忍行为——亚历山大杀死克利奥帕特拉——克利奥帕特拉家族的代表——克利奥帕特拉的两个女儿——不正常的战争——特里菲娜对姐姐的恨——安提俄克的抓捕行动——克利奥帕特拉逃往神殿——特里菲娜的妒火——特里菲娜的仇恨升级——残忍、亵渎神灵的谋杀——人类道德并未堕落

第三章 | 亚历山大港 051

托勒密王朝的内政——人民的生产——令人满意的效果——无所事事是邪恶的温床——闲散贵族的恶行——堕落和邪恶——两个阶级的工作——亚历山大港的伟大之处——海港的形势——货栈和粮仓——海港的业务——城市内部的景观——保护本地产业——公共建筑——灯塔——灯塔的名气——灯塔的特殊位置——照明的方式——现代方法——灯塔的建筑师——巧妙的设计——灯塔遗迹——亚历山大图书馆——图书馆的重要性——塞拉皮斯神殿——埃及的塞拉皮斯——希腊的塞拉皮斯——托勒密一世的梦想——神像的重要性——托勒密一世向锡诺帕国王的提议——托勒密一世最终成功——获取书的途径——犹太经典——犹太人的封闭——对经典的兴趣——埃及的犹太奴隶——托勒密二世的计策——托勒密二世解放奴隶——为奴隶支付赎金——托勒密二世取得成功——翻译典籍——早期副本——当前的手抄本——托勒密王朝的其他计划——筹集资金的方法——重税——人民贫穷——古代和现代的首都——托勒密王朝的慷慨——亚历山大港的辉煌——强大的对手

第四章 | 埃及艳后之父 075

亚历山大港的竞争对手——罗马的统治范围——罗马帝国扩张——埃及艳后的父亲——托勒密十二世低贱的出身——恺撒和格涅乌斯·庞培——托勒密十二世花钱与罗马结盟——为筹钱增税——亚历山大港的起义——托勒密十二世出逃——贝雷奈斯四世——贝雷奈斯四世与塞琉古七世的婚姻——埃及艳后早年的生活——托勒密十二世遭鄙视——托勒密十二世与加图会面——加图的

个性——托勒密十二世的待遇——加图的建议——托勒密十二世到达罗马——托勒密十二世的申请——罗马元老院的行动——托勒密十二世的复辟计划——贝雷奈斯四世的措施——贝雷奈斯四世派到罗马的使者——托勒密十二世的背叛——后果——反对托勒密十二世——预言——逃避神谕——奥卢斯·加比尼乌斯临危受命——马尔库斯·安东尼斯·马西·费尤斯·马西·尼波斯——马克·安东尼的经历与性格——马克·安东尼在希腊——马克·安东尼加入奥卢斯·加比尼乌斯的军队——穿越沙漠的危险——被摧毁的军队——马克·安东尼的性格——马克·安东尼的外表——穿越沙漠——占领佩鲁斯阿姆——穿越三角洲——罗马人成功——阶下囚贝雷奈斯四世——阿克劳斯的命运——马克·安东尼的悲痛——托勒密十二世异常的喜悦

第五章　恺撒独揽大权 ······················ 099

埃及艳后——沸腾的亚历山大港——托勒密·奥里特斯复辟——人民默许——马克·安东尼受拥戴——马克·安东尼为人慷慨——逸事——马克·安东尼和埃及艳后——马克·安东尼回到罗马——托勒密·奥里特斯的谋杀——格涅乌斯·庞培和恺撒——托勒密·奥里特斯结束统治——明确继承权——埃及艳后登基——埃及艳后嫁给弟弟——宦官伯狄诺斯——伯狄诺斯的个性和统治手段——伯狄诺斯的阴谋——埃及艳后被流放——埃及艳后的军队——战争即将爆发——恺撒和格涅乌斯·庞培——法尔萨利阿之战——格涅乌斯·庞培在佩鲁斯阿姆——伯狄诺斯的背叛——恺撒追捕格涅乌斯·庞培——恺撒陷入危险处境——恺撒在亚历山大港——震惊的埃及人——向恺撒献上格涅乌斯·庞培首级——格涅乌斯·庞培的指环——恺撒的处境——恺撒的要求——伯狄诺斯的行为——矛盾——伯狄诺斯的对策——恺撒派人到叙利亚搬救兵

第六章　埃及艳后与恺撒 ······················ 121

埃及艳后的迷茫——埃及艳后打算前往亚历山大港——埃及艳后向恺撒传

信——恺撒的回复——阿婆罗多洛斯的计谋——埃及艳后和恺撒——恺撒喜爱埃及艳后——埃及艳后的敌人——埃及艳后把事业委托给恺撒——恺撒的吹嘘——恺撒派人请托勒密十三世——托勒密十三世的怒火——托勒密十三世对恺撒不满——城中大骚动——百姓躁动——恺撒的力量——托勒密十三世成阶下囚——与会者满意——庆祝和喜悦——伯狄诺斯和阿喀琉斯——伯狄诺斯和阿喀琉斯的计划——阿喀琉斯逃跑——埃及军队行军——恺撒的措施——信使被杀——阿喀琉斯的用意——残忍的暗杀——阿喀琉斯率军前行——恺撒的防御部署——埃及艳后和托勒密十三世——伯狄诺斯的奸诈——伯狄诺斯的阴谋被拆穿——伯狄诺斯被斩——阿尔西诺伊四世和加伊莫德——军队拥立阿尔西诺伊四世为女王——年轻的托勒密十三世的困惑

第七章　亚历山大之战 ………………………… 141

亚历山大之战——恺撒的力量——埃及军队——逃亡的奴隶——恺撒的危险处境——埃及艳后的影响——军事工程——防波堤——亚历山大港的景观——占领防波堤——埃及舰队——恺撒烧毁船舶——被占领的要塞——亚历山大港的大火——阿喀琉斯被斩——加伊莫德的计划——加伊莫德的有力措施——加伊莫德的信使——加伊莫德切断恺撒的水源——士兵恐慌——恺撒命人挖井——运输船到达——运输船陷入困境——海岸地势低洼——作战——恺撒胜利——加伊莫德武装舰队——海战——恺撒陷入危境——再次胜利——埃及人士气低落——密使——托勒密十三世的伪装——米特拉达梯的到来——托勒密十三世失败——恐慌和混乱——托勒密十三世之死——普遍反对恺撒——埃及艳后之子恺撒里昂——公众对埃及艳后的评价——恺撒离开罗马——恺撒带走阿尔西诺伊四世

第八章　埃及艳后暗杀托勒密十四世 …………………… 161

短暂的亚历山大之战——亚历山大之战的影响——埃及国库的收入——修

复城市——重建图书馆——再次收藏手稿——埃及艳后堕落——年轻的托勒密十四世——埃及艳后暗杀托勒密十四世——恺撒的事业——埃及艳后决定前往罗马——罗马人的情感——恺撒的四次胜利——凯旋式游行的特点——阿尔西诺伊四世——罗马人同情阿尔西诺伊四世——恺撒过度炫耀——盛宴和庆典——放纵与淫逸——公开搏斗——人工湖——湖上的搏斗——陆上的搏斗——震惊的百姓——埃及艳后来访——恺撒计划自立为王——密谋刺杀恺撒——恺撒被暗杀——阿尔西诺伊四世被释放——卡布妮亚·皮索尼斯悼念丈夫——卡布妮亚·皮索尼斯寻求马克·安东尼的保护

第九章 腓力比之战 183

震惊罗马人——恺撒的遗嘱——布鲁特斯和卡修斯——派系形成——屋大维和马尔库斯·埃米利乌斯·勒皮达斯——屋大维的性格——屋大维前往罗马——屋大维要求享有继承权——向埃及艳后派遣使者——埃及艳后的决定——卡修斯放弃计划——腓力比会师——屋大维生病——布鲁特斯和卡修斯的分歧——军事会议——兴高采烈的布鲁特斯——意志消沉的卡修斯——战前准备——布鲁特斯捐躯的决心——卡修斯的决心——不祥之兆——不祥之兆对卡修斯的影响——蜂群——布鲁特斯收到警告——布鲁特斯见到幽灵——和幽灵的对话——腓力比之战——屋大维战败——卡修斯战败——布鲁特斯援助卡修斯——卡修斯之死——布鲁特斯的悲伤——布鲁特斯战败——撤退——布鲁特斯的境遇——头盔取水——布鲁特斯被包围——斯塔提里乌斯的提议——焦虑和担心——布鲁特斯的决心——布鲁特斯和朋友诀别——最后的任务——马克·安东尼的地位

第十章 埃及艳后与马克·安东尼 207

埃及艳后支持马克·安东尼的事业——埃及艳后的动机——马克·安东尼

的早期生活——马克·安东尼的性格——马克·安东尼的习惯——马克·安东尼的衣着和举止——马克·安东尼的放纵——公众的谴责——恶习——朝中人选——马克·安东尼的过分行为——马克·安东尼骗走了马尔库斯·埃米利乌斯·勒皮达斯的军队——马克·安东尼的婚姻——富尔维亚的个性——富尔维亚对马克·安东尼的影响——突然回家——马克·安东尼性格的变化——马克·安东尼的慷慨——布鲁特斯的葬礼——马克·安东尼的行动——马克·安东尼接见埃及艳后——信使狄力阿斯——埃及艳后决定与马克·安东尼见面——埃及艳后的准备——埃及艳后进入塞德纳斯河——埃及艳后气派的游船——迷人的场景——马克·安东尼的邀请被拒——埃及艳后接待马克·安东尼——埃及艳后的大方——珍珠的故事——富尔维亚的地位——富尔维亚的焦虑和痛苦——马克·安东尼去罗马的目的——马克·安东尼的计划被埃及艳后破坏——马克·安东尼动摇——宴会和狂欢——菲洛塔斯——八只野猪的故事——马克·安东尼的儿子——喋喋不休的客人——难题——归还金银器皿——与身份不符的享乐——伪装的马克·安东尼和埃及艳后——垂钓——计策——富尔维亚逼夫回家——马克·安东尼离开——埃及艳后的懊恼

第十一章　阿克提姆之战 ·················· 233

马克·安东尼的困惑——邂逅富尔维亚——与富尔维亚会面——马克·安东尼与屋大维和解——奥克塔维娅——奥克塔维娅与马克·安东尼成婚——奥克塔维娅对马克·安东尼和屋大维的影响——奥克塔维娅为马克·安东尼求情——马克·安东尼性格的影响——西顿之行——士兵的痛苦经历——埃及艳后到来——埃及艳后带来补给——奥克塔维娅为马克·安东尼辩解——马克·安东尼重整旗鼓——埃及艳后的警告——埃及艳后的手段——埃及艳后的密使——密使在马克·安东尼面前的表现——埃及艳后取得胜利——马克·安东尼给奥克塔维娅的信——奥克塔维娅的牺牲——对马克·安东尼的愤恨——埃及艳后出手相助——卡尼迪雅斯受贿——卡尼迪雅斯对埃及艳后的建议——萨默斯岛的战舰——马克·安东尼沉溺于声色犬马——马克·安东尼和埃及艳后在雅典——对马克·安东尼的指控——马克·安东尼玩忽职守——舰队集合——议会决议——埃及艳后的愿望——阿克提姆之战——埃及艳后逃走——

马克·安东尼追随埃及艳后——马克·安东尼登上埃及艳后的船——马克·安东尼被追赶——恶战——为父报仇——马克·安东尼的痛苦——埃及艳后躲避马克·安东尼——抵达提纳鲁斯——马克·安东尼和埃及艳后逃往埃及

第十二章　埃及艳后之死 ………………………… 263

马克·安东尼的痴心——埃及艳后对马克·安东尼的影响——对马克·安东尼行为的愤怒——埃及艳后的计谋——马克·安东尼深居简出——法洛斯岛上的小屋——马克·安东尼与埃及艳后和解——狂欢盛宴——埃及艳后收集毒药——毒药试验——马克·安东尼的疑虑——埃及艳后的计谋——角蝰叮咬——埃及艳后之陵——屋大维的部队行进情况——马克·安东尼的建议——屋大维抵达佩鲁斯阿姆——埃及艳后的财物——屋大维的担心——屋大维抵达亚历山大港——突围——不忠的舰队队长——马克·安东尼军队的叛变——马克·安东尼被带到埃及艳后面前——埃及艳后拒绝打开陵门——埃及艳后把马克·安东尼从窗户拉进陵墓——埃及艳后悲痛欲绝——马克·安东尼之死——埃及艳后入狱——埃及艳后的待遇——屋大维占领亚历山大港——马克·安东尼的葬礼——埃及艳后绝食——屋大维的威胁——埃及艳后的愤怒——屋大维被欺骗——埃及艳后的决心——埃及艳后在马克·安东尼墓前哀悼——埃及艳后镇定自若——埃及艳后的晚餐——查米恩之死——旁观者惊讶不已——埃及艳后之死的种种猜测——屋大维的想法——屋大维的胜利

附　录　专有名词汉英对照 ………………………… 293

第一章

尼罗河谷

精彩看点

埃及的地形地貌——降水规律——改变降水量的因素——鲜明的对比——亚洲和非洲广阔的无雨区——无雨区的分布——尼罗河谷——红海——斯沃绿洲——月亮山脉持续不断地降水——尼罗河泛滥——河道——繁茂的植被——森林的缺失——伟大的埃及文明——丰碑——尼罗河三角洲——从海上看到的三角洲——尼罗河的佩罗锡克河口——卡罗皮克河口——古埃及——金字塔——波斯人和马其顿人的征服——托勒密王朝——亚历山大港的建立——灯塔

埃及艳后的故事就像一部个人犯罪史，它的内容是一段不伦之恋。我们可以从这个奇特、浪漫的故事中看到爱情从产生到消亡最完整、真实的情况：爱情来临时的心动与迷醉、陷入爱情时的鲁莽与疯狂、爱情消失时的痛彻心扉与追悔莫及，以及爱情陷入绝望深渊时的心灰意冷。而爱情往往总是不可避免地走向终结。

埃及艳后虽然出生在埃及，但她其实是希腊人的后裔。因此，尽管她一生经历的主要事件都发生在亚历山大港和尼罗河三角洲，但她血管里流淌的是马其顿先民的血液。她的性格和行为举止都带着马其顿先民的印记——有智慧、有勇气、易冲动、敢于创新。另外，她的生活环境和早期奢侈淫靡的宫廷生活影响了她一生的所作所为，包括她的冒险经历以及各种痛苦、罪孽。

从地形地势上看，埃及一直以来都是世界上最有特点的国家。埃及所在的狭长河谷土地肥沃、物产丰饶，到处郁郁葱葱。然而，河谷以外却没有适合人类居住的地方。事实上，沙漠比海洋更难跨越，因此埃及比任何真正意义上的岛屿都封闭、孤立。而埃及恰好就是在这样的土地上形成不同寻常的景象的。如果我们能像雄鹰一样翱翔天际，俯视这条绵延、美丽，有着无数生灵和植被的河谷，我们就能想象河谷的形成过程。我们会发现整个过程简单而令人震惊。在安静、荒芜甚至是死寂的环境中，这片谷地年复一年迎来新生和收获。这一切让我们心中生出无限的崇敬和喜悦。虽然我们没有老鹰的翅膀，但科学让我们拥有了翅膀的替代品，于是翱翔不再是梦想。

　　人类耐心、细致地观察了河谷两千多年。观察获得的认知糅合了人类丰富的想象力后，我们对河谷的景象有了全方位的了解。从某些角度看，这种直观而真实的印象和盘旋于高空的鹰在俯视时看到的景象非常相似。然而，从某种程度上说，人类经过长时间的哲学探究及科学研究只造出了翅膀的替代品。反思这一现象，我们不禁觉得这是对人类引以为傲的智慧的羞辱。

　　人们发现，埃及在某些降雨规律的作用下得以存在，并且还奇迹般地在大片贫瘠、干旱的沙漠中成为一道风

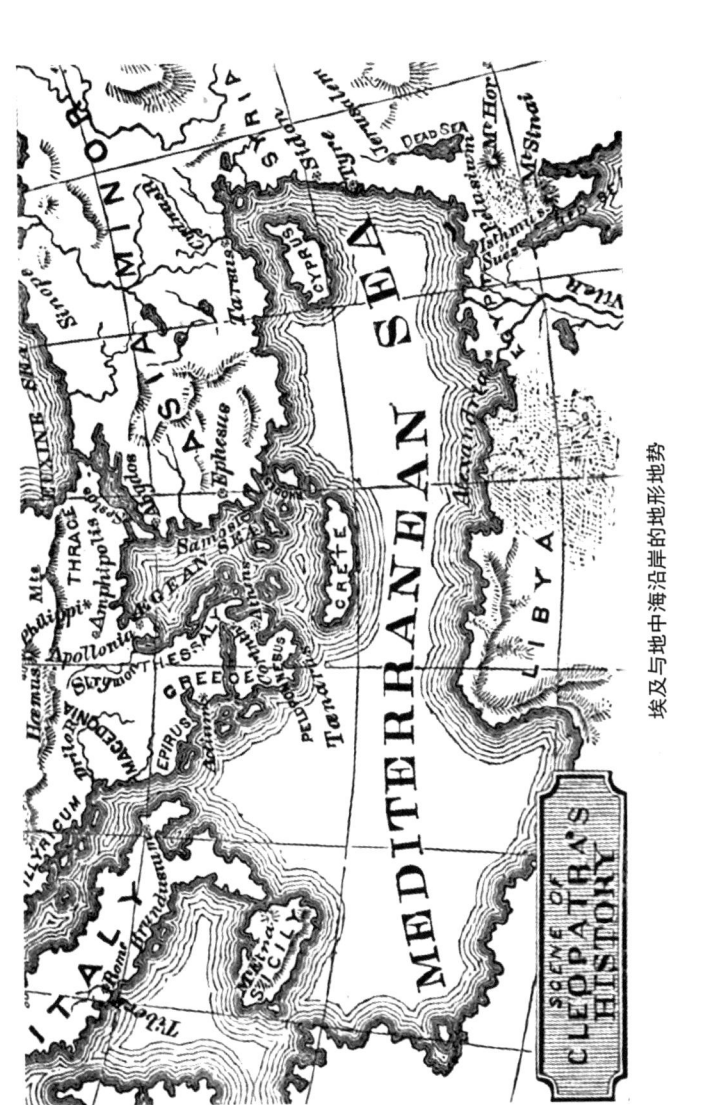

埃及与地中海沿岸的地形地势

景。通过蒸发，海洋和陆地上的水分被大气吸收，在一定条件下再以降水的形式重新落回。降水频率和降水量会随着地理位置的不同而发生变化。但基本规律为赤道附近比温带气候环境中的降水频率高，同时降水也更充沛些，而越接近极地降水也就越少。大家或许会很自然地认为赤道地区阳光充足，因此，比起寒冷的地方这里水分蒸发必然会更快，那么被大气吸收的水分以降水的形式回到地面的也会越多。

但降水量并不完全由纬度因素决定。大气层中的水分需要经历冷却过程才能形成降水。如果产生冷却效果的方式不同，降水也就会在多种因素的作用下发生变化。雨水的成因有很多。潮湿的气团前进时遇到高山的阻挡被迫缓慢上升引起绝热降温会降水；气团与空气中的冷锋相遇并混合会降水；含水的气团在风力的作用下移动到海拔更高、温度更低的区域也会降水。而另一方面，如果气团从寒冷的山区移动到温热的平原、从高纬度移动到低纬度地区或者低温气流与高温气流混合，那么大气能容纳的水分就会增加。然而，此时大气层不但不会释放它凝聚的水分，反而吸收更多的水分。于是，暖干风形成并影响这个地区。在相反的情况下，水汽会形成漂浮的雾，也可能会形成丰富的雨水。

第一章 尼罗河谷

很明显，从这些方面考虑，降水的频率和降水量在不同地形条件下还受其他因素影响，如气候冷暖、该地区与山脉和海洋的距离、山脉和海洋的方位、盛行风的特点等。人们发现这些类似因素会对不同地区的降水量产生巨大影响。在南美洲北部地区，陆地四周都是热带海洋，海洋上空饱含水分的热空气遇到高大的安第斯山脉的阻挡时，不得不沿山坡上升至寒冷的顶峰，经冷却水汽凝固成雨。在这里，一年中降水量会达到十英尺以上。而在圣彼得堡，以同样的方式形成的降水还不到一英尺。在南美洲，如果降水没有及时排走，倾泻而下的暴雨足以淹没所有地方。实际上，这些巨大的水流汇聚之后涌向大海，最终形成地球上最大的河流——亚马孙河。在常年高温和充足水分的滋养下，这里植被繁茂。由于植物盘根错节，树冠藤条交织、缠绕，人类很难涉足。无边无际的森林变成辽阔、无法逾越的热带丛林。这里成了野兽、剧毒爬行动物以及大型猛禽生活的家园。

当然，圣彼得堡进入冬季后，日照微弱、滴水成冰，年降雨量仅十二英寸。从动植物的生存状态来看，这里和新格林纳达多产、繁茂的景象形成了鲜明的对比，但两地还算不上两种极端。地球上还有一些几乎不下雨的地方，那里与亚马孙流域茂盛的植物和丰富的生物物种

■ 埃及艳后 ■

18 世纪的圣彼得堡

构成的景观截然不同。那里极其干旱、寂静、荒芜，甚至是有点儿死气沉沉。在那里，植物无法生长，动物无法存活，人类也永远无法生存。如果说，在热带雨林，高温潮湿的气候条件让动植物丰繁旺盛，从而导致人类无法涉足。那么，这些从不降雨的地方则因寸草不生变成人类禁区。这些地方是贫瘠、干旱的沙漠，树根无法汲取养料。到处都是光秃秃的石块，连苔藓也长不出来。

　　从非洲北部及非洲内陆地区延伸到亚洲西南部的这片区域是地球上最广阔的无雨区。红海从南部出发穿过无雨区，将无雨区分成两部分。尽管红海破坏了沙漠的

第一章 尼罗河谷

整体性，但从本质上来看它并未改变这片区域的特点。被红海分割形成的两部分有不同的名字。亚洲部分被命名为阿拉伯沙漠，非洲部分就是人们十分熟悉的撒哈拉沙漠。两片沙漠之间有一块离埃及较近的荒地，和其他沙漠地区一样：雨水缺乏导致植被稀疏，进而导致动物稀少。如果这片沙漠中有高耸的山脉，那么这里就会降雨，因此，这块不毛之地就很可能变成沃土，从此树木成荫、人口稠密。

但事实上，这里没有山脉。整片沙漠几乎没有起伏，也很少有高于海平面的地方。从沙漠内部到海洋几百英里的陆地只比地中海高出几百英尺。然而，新格林纳达

埃及艳后

离海洋不到一百英里的地方就是安第斯山脉。在这段距离中，海拔从十英尺上升到了一万五千英尺。在横跨几百英里的范围内仅仅才只有几百英尺的海拔高度的变化，因此用任何普通的观测方式都很难察觉到这种变化。因此，对于旅行者而言，这片最大的无雨区是一片横跨东西五千多英里、纵贯南北一千多英里的广袤平原。在这里，人们只能感受到安静、孤寂。这里所有景象都单调至极，然而，打破这种单调景象的就是物产丰富、充满生机的尼罗河谷。

在这片一望无际的平原上有三块区域与其他地方的景象不同，但其中只有一处打破了这里贫瘠、荒芜的状况。这三块区域都是从北向南延伸的谷地，它们依次排开。最东边的谷地海拔很低，因此从南方流过来的海水穿过沙漠形成一条狭长的陆间海，这就是红海。因为这里与海平面基本一样高，所以水流自由通畅。但红海的蒸发量还没达到降水程度，所以红海沿岸得不到雨水的滋养。在这里，汹涌的海水代替了滚动的沙丘，这片水域的确给单调的景色带来了变化，但仅此而已。除了偶尔驶过茫茫海域的英式汽船和东岸已破败的古代城池遗迹之外，这里几乎没有生命痕迹。所以说，红海并没有打破这里孤立、荒凉的单调景象。

尼罗河沿岸风光,远处为雄伟的金字塔

三块谷地中最西边的那块是洼地，这块谷地最大的特点是有绿洲带。但这里地势只是轻微下沉，因此地中海的海水还不能注入其中，在这块谷地中，任何区域的降水都不足以把谷地变成河流。但在一些地方我们可以看到泉水从地面涌出流进沙漠，滋润它周围狭长的小山谷，从而形成绿洲。绿洲和周围荒凉的景象形成鲜明的对比，甚至会让旅行者在恍惚间以为看到了天堂的景象。一块块绿洲沿着西边的洼地排列开，从而形成一条绿洲带。其中一些绿洲带的面积还很大。闻名遐迩的朱庇特－阿蒙神殿就坐落在一片名为斯沃的绿洲上。这片绿洲绵延几英里。据说，在古代曾有八千多人在此居住。在三块谷地中，上文介绍的最东边的那块谷地由于地势下沉，海水可以流进来；最西边的谷地地势略有倾斜，地下涌出的泉水能滋润低洼区域。下面我们介绍这两者之间的那块谷地。

继续查看地图，读者会发现这片广阔的无雨区以南就是阿比西尼亚[①]境内的月亮山脉。山脉在赤道附近。在山脉地形和周边的海洋、赤道气流的共同作用下，在某些季节这里会出现持续、大量的降水现象。大雨浇湿山坡，淹没山谷。因为这里的地势不断往高处延伸导致

---

① 今埃塞俄比亚。——译者注

朱庇特－阿蒙神殿供奉的是古埃及神话中的底比斯主神阿蒙。图为人身鸟首的阿蒙神

大部分地区的降水无法继续向南或向东流动，所以水流只能转向，然后向北推进穿越我们之前提到的中部沙漠，最终流入地中海。雨水汇聚，最后形成河流——尼罗河。简单地说，尼罗河就是雨量充沛地区产生的积水穿越无雨的沙漠流向大海而形成的。

如果阿比西尼亚的山脉地区的降水量保持常年不变，那么这里的河流也几乎不能给它流经的贫瘠沙土带来足够的肥料。沿河也许会被点缀上绿色，但由于雨水渗入沙漠，河流只能灌溉它经过的地方。事实上，这里的降水量并不稳定，雨季会连续降水，充沛的雨水几乎要淹没所有地方。巨大的水流从山坡上倾泻而下，山谷中大水漫溢，平原变成沼泽，沼泽变成湖泊，整个地区几乎完全泡在水里。也就是说，汇聚的水流在涌向大海的过程中如果遇到狭窄的水道，落差变大，那么水流就会以巨大的冲力冲刷沙漠中部的谷地，形成唯一的出口。但实际情况恰好相反，这里水道并不狭窄，因此水流落差也不大，水流流经沙漠形成的河道有五到十英里宽。虽然多雨区离入海口将近两千英里，但整个区域地势平坦。从这方面看，尤其是河流后半段的落差最多也只能让河水分成小支流继续向北流动。

在多雨区，强烈的热带风暴会引起强降水。雨水淹没谷地从而形成巨大的湖泊，并延伸至整个沙漠。湖泊水面宽度五到十英里不等、长度达一千英里。湖水浅、浑浊，缓缓向北流动。当然，降水最终会停止。但几个月后积水才能退尽，谷地才恢复干燥状态。一旦积水退尽，被淹没的葱茏的植被就会出现。

目前，这个地方的植被状况完全由人类调节、控制。然而，植被在最原始的状态下是具有独特性的。这里的植物既在土壤里生长，同时一年中有三个月在水中生长。或许正是这个原因尼罗河流域才未能像其他肥田沃土一样被自然森林覆盖。同样，野兽也不可能在此出没。因为一到汛期，它们就找不到栖身的地方。另外，光秃秃的沙漠也无法为它们提供保护和遮挡。这块不同寻常的谷地似乎是大自然为人类特别创造并保留的。大自然在创造这里时，似乎就特意打算将此地留给人类，于是就用各种办法阻止动植物侵扰人类。如果人类离开几千年后再回来，会发现这里的一切不会发生任何变化，甚至可以立即在此居住。大自然就好像这个世界花园的园丁，它的维护手段和设备就是蒸发、光照和阿比西尼亚的高峰。在这些因素的共同作用下，夏季周期性的洪水泛滥形成了。

由于上述及其他原因，在远古时代，埃及就有人类居住。在三千多年前的有关人类的文字记录中，人们就使用"古老"一词来形容埃及。历史保持沉默，寓言故事中也没有隐含埃及子民起源的信息。这里矗立着人类最古老、最悠久的丰碑。但在某种程度上，它让人类蒙羞，因为人类这最崇高、最令人骄傲、最稳固、最长久的工程只不过是夏季洪水退去留下的那层薄薄的肥沃淤泥的附属品。

尼罗河的沉积层主要分布在北部。那里河谷宽，与海洋相通，最终在河道两岸形成了一块上百英里的三角形平原。平原上，河水分流，形成许多小溪、小河。整个区域成为一片广阔的草场，小溪缓缓流淌、纵横交错，呈现出一派繁盛、美丽的景象。这片区域就是尼罗河三角洲。

因为海岸附近的水较浅，所以由河水沉积物堆积而成的陆地几乎要高过海岸线，并且这块陆地还延伸进大海。虽然人类在过去的一千八百多年里没有感觉到陆地在向大海延伸，但人类总是弄不清楚高于海平面的陆地到底是海岸的自然构造，还是由于河水运动塑造而成的。

尼罗河三角洲非常平坦，这里几乎和地中海海平面持平。所以这块土地看起来就像海平面的延伸。在这里，只能通过蔚蓝色海面上涌动的白色浪花以及大片的麦田

第一章 尼罗河谷

和轻微起伏的大地上的大小村落来辨别海洋和陆地。如果海员在向海岸线行驶,那么他们在远处看不到陆地上的美景,因为陆地不断延伸到海平面以下。在远处,海员们只能看到那些明显高于水面的树冠、方尖塔的顶部以及石柱的顶端。这些东西证明这里曾经有过城池。

我们可以从地图上看到东边那条名为佩罗锡克的支流。通过这一支流,河水从三角洲流向大海。这条支流算是肥沃的三角洲的东边边界线。入海口是佩鲁斯阿姆。这里是从东方出发走陆路的旅行者沿地中海海岸到达埃及见到的第一座城市,因此它是这个国家东部边境的地

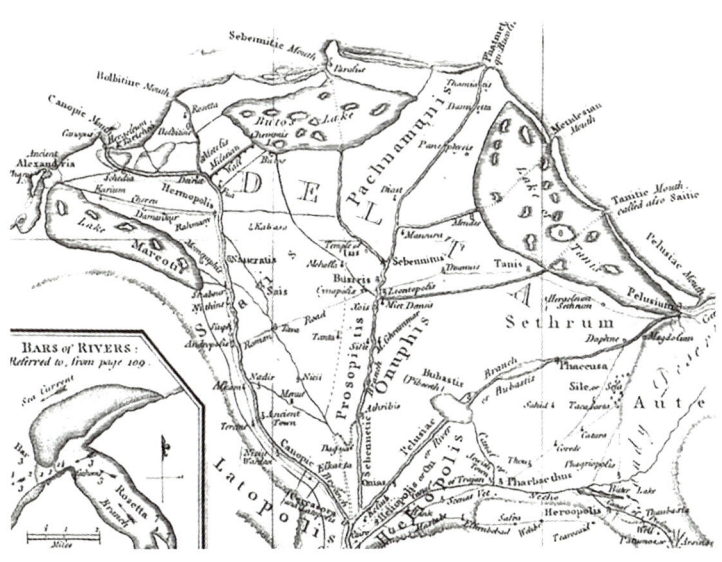

尼罗河三角洲全貌

标。这座城市具有十分重要的地位，经常在古代历史中被提及。

尼罗河最西边的入海口名为卡罗皮克，从佩鲁斯阿姆到卡罗皮克的海岸线长达一百英里左右。从古至今，这里的海岸轮廓都很不规则，这里的海水不深。绵延的海岸伸入大海，同时，海水猛烈地冲刷陆地，从而形成无数小溪、水湾和环礁岛。沿着弯弯曲曲、时隐时现的边界，尼罗河水和地中海的波涛常年无休止地对抗着，但双方几乎势均力敌。据记载，这种对抗在一千八百多年前就开始了。一直以来，这两股力量难分伯仲，没有任何一方有明显优势。河水把泥沙带入海中，海水又不断将泥沙冲回陆地。这种情况使海岸充满危险，人类很难靠近。

从上述描述中我们不难发现，在古代，这里的国家以一种独特的方式与世界隔绝，显得封闭孤立。一方面，整个国家从各个方向被沙漠、陆地、浅滩、沙坝包围，另一方面，海岸上潜在的危险阻止了人们经海路到达此处。因此，在古时候历代国王的统治下，这里的国家孤零零地存在了很多年。这里既有爱好和平、吃苦耐劳的百姓，也有学识渊博的学者。这些学者因熟悉科学和哲学而闻名于世。

第一章 尼罗河谷

在其他民族还未入侵埃及打破这份与世隔绝的宁静之前，埃及人建了金字塔，造了大型石刻。虽然大神殿的石柱已经遭到破坏，但在今天仍被看作人类历史上的奇迹。遥远的古埃及和今天的埃及一样都是一块富庶之地。即使其他地方饥荒肆虐，埃及却总能粮仓充盈。因此，在欲望的驱使下，埃及周边的国家及阿拉伯、巴勒斯坦、叙利亚的部落都穿过沙漠，进入埃及，从而开辟了一条道路。最终，波斯国王将帝国向西扩张到地中海后，通过这条路进入佩鲁斯阿姆，入侵并占领了埃及。比埃及艳后的时代大约早二百五十年时，亚历山大大帝灭亡波斯帝国并占领埃及，统治了埃及和波斯的一些地方。亚历山大大帝死后，他的帝国分崩离析。埃及便落入他手下的一位将军手中，此人便是托勒密一世。托勒密一世在埃及自立为王，并在临终前将王位传给子孙。于是，他的子孙——古希腊人的后裔——世世代代统治着埃及。在埃及历史上，这段时期被称作托勒密王朝。埃及艳后就是托勒密家族的第十一代后裔。

在托勒密时代，埃及的首府设在亚历山大港。在亚历山大攻入之前，埃及没有海港。虽然海岸上有几处登陆点，但那并不算真正意义上的海港。那时，埃及几乎自给自足，所以它和其他国家也没有贸易往来。亚历山

一座损坏严重的金字塔,它的主人为塞努雷塔二世

托勒密一世

埃及艳后

大大帝的工程技术人员在勘察海岸时发现离卡罗皮克入海口不远处有一个地方海水较深，那里有一个小岛可以作为起锚地点。亚历山大大帝就在此处建了一座城，并以自己的名字为其命名。通过挖掘和筑堤等手段，海港不断完善。白天，高高矗立着的灯塔是地标。到了晚上，灯塔发出的光使它犹如耀眼的星星，灯塔指引着地中海的帆船驶入海港。人们在这里开凿出运河将海港和尼罗河连通，并建造了储存商品的仓库。总之，亚历山大港立刻变为重要的商业之都。几个世纪，它都是辉煌的托勒密王朝的中心。这里的条件与当初设立港口的意图完美地吻合。即使经历两千多年的变革与动荡，这里也还是东部最主要的商业中心之一。

第 二 章

托勒密王朝

精彩看点

托勒密王朝的缔造者——马其顿王国的腓力二世——计划暴露——托勒密一世被放逐——亚历山大大帝即位——托勒密一世被提拔——亚历山大大帝驾崩——托勒密一世自立为王——托勒密一世统治的特点——托勒密一世禅位——托勒密·费拉德尔弗斯——托勒密一世之死——托勒密国王们相继堕落——托勒密家族乱伦——托勒密·菲斯干——名字的来源——托勒密·菲斯干继位的背景——克利奥帕特拉——托勒密·菲斯干的背信弃义——迎娶自己的继女——托勒密·菲斯干的残暴——托勒密·菲斯干出逃——克利奥帕特拉掌权——生日——菲斯干的暴行——克利奥帕特拉的悲痛——托勒密家族的性格特征——拉塞卢斯——拉塞卢斯和克利奥帕特拉的激烈争吵——克利奥帕特拉的残忍行为——亚历山大杀死克利奥帕特拉——克利奥帕特拉家族的代表——克利奥帕特拉的两个女儿——不正常的战争——特里菲娜对姐姐的恨——安提俄克的抓捕行动——克利奥帕特拉逃往神殿——特里菲娜的妒火——特里菲娜的仇恨升级——残忍、亵渎神灵的谋杀——人类道德并未堕落托勒密王朝的缔造者曾经是亚历山大大帝麾下的一名将军。上文中我们提到，亚历山大大帝驾崩后，埃及王国落入这位马其顿将军之手。此人的身世以及其辅佐亚历山大大帝的经历都颇具传奇色彩。这位将军的母亲阿尔西诺伊曾是马其顿国王腓力二世的宠妃，也就是亚历山大大帝父亲的小妾。腓力二世后来将阿尔西诺伊赐给朝中一位叫拉古斯的人。婚后不久，托勒密一世出生了。腓力二世对待这个孩子就像对待孩子的母亲一样极其重视和宠爱。这个孩子名义上是拉古斯的儿子。但在马其顿，他的地位和马其顿国王的儿子们一样高，受到的关注和他们一样多。随着年龄的增长，他开始出任要职，渐渐变成举足轻重的人物。

后来，发生了一件事，让托勒密一世和腓力二世的关系陷入僵局，但这件事却让托勒密一世和亚历山大大帝情同手足。波斯王国有个省叫卡里亚。卡里亚省在小亚细亚西南部,卡里亚省的总督想把自己的女儿许配给腓力二世的儿子——亚历山大大帝同父异母的哥哥阿黑大尤斯。亚历山大大帝的生母对这桩婚事心生妒忌,她认为这桩婚事是一个阴谋,其目的是让阿黑大尤斯慢慢进入公众视野,进而夺取王位。然而,她迫切地希望至高无上的王权能掌握在自己的儿子手中。因此,这位母亲建议亚历山大大帝秘密派使者到波斯去劝说卡里亚省

腓力二世在位期间发行的金币,上面的人物头像为腓力二世

的总督放弃阿黑大尤斯,把女儿嫁给亚历山大大帝,提醒总督无论对他还是对他女儿与亚历山大大帝联姻都是明智的。

亚历山大大帝欣然接受提议,并很快和心腹采取行动。托勒密一世也参与了行动。使臣顺利出访波斯,卡里亚省总督对这个提议很满意。行动计划有条不紊地进行着,眼看即将大功告成。此时,腓力二世不知从哪儿得到消息发现了他们的行动。腓力二世怒气冲冲地冲进亚历山大大帝的房间,用尖刻的话激烈地训斥亚历山大大帝。他告诉亚历山大大帝自己从没想过把王位传给阿黑大尤斯,因为阿黑大尤斯的生母出身很卑微。他认为亚历山大大帝娶波斯王国之下某总督的女儿简直就是一种自甘堕落的行为。因为,在腓力二世眼里,这位总督只不过是一个野蛮国度的国王的奴才罢了。

亚历山大大帝的计划彻底失败。他的父王对参与行动计划的人也非常不满,下令把他们全都驱逐出境。命令下达后,托勒密一世被驱逐,流落他乡多年。直到腓力二世去世后,亚历山大大帝才将他召回。亚历山大大帝顺利继承王位,成为马其顿王国的新国王。即位后,他立刻任命托勒密一世为朝中大将。事实上,托勒密一世在马其顿军队中有极高的指挥权。在这位著名的"征

埃及艳后

服者"——亚历山大大帝随后发动的战争中，托勒密一世的表现十分突出。在入侵波斯的战事中，托勒密一世战绩非凡。他带领三支大军中的一支英勇杀敌，为亚历山大大帝开疆拓土立下了汗马功劳。他总是负责最偏远、最危险的任务，也总被托付处理最重要的事情。他总能顺利完成各种任务。无论是攻打敌人，攻占堡垒还是进行谈判，托勒密一世都展现出极高的素养。他曾因发现并揭露篡夺王位的阴谋救了亚历山大大帝。后来，亚历山大大帝找机会表达了自己的感激之情，他通过神赐予他的神秘力量报了托勒密一世的救命之恩。一次，托勒密一世被毒箭刺中受伤，生命垂危之际，所有医生都束手无措。此时，亚历山大大帝在梦中发现了有效的解毒办法，最后将托勒密一世成功挽救。

当亚历山大大帝征战结束后，大家在苏萨城狂欢庆祝。托勒密一世被赐予金冠。在最盛大、奢华的仪式中，托勒密一世迎娶了波斯一位杰出的将军的女儿阿塔卡马。

在巴比伦纵酒狂欢了整整一夜之后，亚历山大大帝驾崩。他的儿子还不能继承王位，因此他建立的帝国最终被他手下的几位将军瓜分了。托勒密一世分得埃及，他立刻带着一支精锐部队以及大量希腊侍从到达亚历山

亚历山大大帝与将领们在苏萨城宴饮狂欢

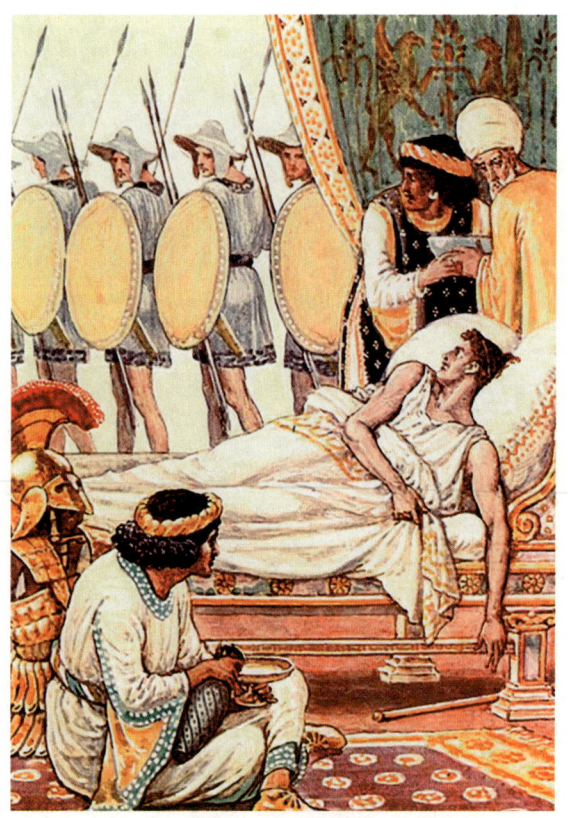

亚历山大大帝驾崩

大港，并在那里开始了持续四十多年的辉煌统治。当然，他的到来使埃及土著的地位一落千丈，他们被征服、奴役。无论是在军中还是地方，政权机构中的重要岗位都被安排给希腊人。亚历山大港变成了一座希腊的城市，并且这里很快就成了周边最主要的商业中心。希腊和罗马的旅行者发现到埃及后完全没有语言障碍。长久以来，哲学家及其他学科的学者对埃及的社会机构、遗址以及地理特征充满了好奇。此时，他们的好奇心在安全、愉悦的环境中得到了满足。总而言之，希腊对这个古老王国的影响及其与亚历山大城建立了稳固的贸易关系，使埃及走出了之前封闭、孤立的状况。这在一定程度上打开了埃及的大门，让外界充分了解它。

事实上，托勒密一世为了达到打开国门的目的，制订了一系列特殊的计划。他邀请大量的希腊学者、哲学家、诗人和艺术家来亚历山大港，并把这里变成这些人的家。他设立图书馆收藏大量书籍，并为它命名亚历山大图书馆。那里收藏着历史上颇负盛名的图书和手稿。我们会在下一章节专门介绍这个图书馆。

为了使埃及变强，除了采取上述举措外，托勒密一世在位期间也一直忙于与周边国家无休止的战事。他发动战争一方面是为了扩大国家的版图，另一方面也是为了防止外敌入侵。最终，他成功地建立了一个长久而稳固的政权。在生命即将终结之时，八十多岁的他把王位传给了自己最小的儿子，这个儿子也叫托勒密。第一任国王——王朝的缔造者托勒密·梭特尔在历史上为人熟知，第二任国王就是这个小儿子托勒密·费拉德尔弗斯。这个儿子，虽然年纪最小，却因为是国王最宠信的妃子所生，所以国王特别愿意把王位传给他。为了将王位顺利传到最疼爱的儿子手中，防止这个孩子的哥哥们对王位继承问题产生争议，托勒密·梭特尔决定在自己死之前退位，亲自传位给小儿子。费拉德尔弗斯的加冕仪式是当时王室仪仗队负责过的最盛大、壮观的仪式之一。两年后，托勒密一世驾崩，他的小儿子用同样隆重的仪式安葬了父亲。托勒密一世的遗体被安放在一座宏伟的陵墓中，这座陵墓原本为存放亚历山大大帝遗体而建。人们因托勒密一世伟大的事业和辉煌的统治对他充满了深深的敬意，因此，也选择了神圣的方式来哀悼他。而这就是托勒密王朝的开始。

  托勒密王朝早期的几位国王大多能以王国杰出的缔造者为榜样。但光辉榜样的力量很快就消失了，随之而来的是极端的腐化、堕落。继任的几位统治者慢慢过上了骄奢淫逸的生活。肉欲、情色在开始时总是披着温柔、

托勒密·费拉德尔弗斯,即后来的托勒密二世

充满爱意的外衣,但在结束时往往变成无情和残忍的样子。最终,托勒密的国王们一个接着一个变成了令人厌恶的独裁者,享受着至高无上的权力但却不愿承担责任。尤其值得一提的是,他们沾染了一种从亚洲的波斯王国传来的会带来可怕后果的陋习。这个陋习就是乱伦。

　　上帝禁止有近亲关系的两个人结婚。这一点不仅在《圣经》中清楚地阐述过,而且也深深地印在人类心灵深处。上帝的这条律法综合考虑了各个方面,在这里我们无法完全解释清楚。但这些考虑源自对人类的社会主体性的考量,它们是普世的、永恒的,是任何力量都无法超越的。为避免子民承受不伦婚姻带来的肉体和道德上的凄惨后果,上帝在每个人的心中都种下了负罪的种子。这颗种子时刻提醒人类乱伦有危险。最终这颗种子的力量得以发挥,几乎在人类的每一部法典中都毫不含糊地严禁乱伦。但波斯的国王们弃这些律法于不顾,他们不知廉耻地进行着各种乱伦婚姻。而托勒密王朝的国王们效仿了这一做法。

　　我们故事的主角克利奥帕特拉,她的曾祖父的故事就是乱伦家庭生活最贴切、最令人震惊的代表之一。他生活中的凄惨事件是由他那异教徒般的邪恶和罪孽引起的。埃及艳后的曾祖父名为托勒密·菲斯干,史称"托

托勒密·菲斯孔(托勒密七世)在位期间发行的货币,上面的人物头像为托勒密·菲斯孔

勒密七世"。为介绍清楚埃及艳后登上历史舞台时的背景，我们需要特别交代她曾祖父的经历和家庭情况。"菲斯干"这个名字在后来成为托勒密·菲斯干的名号。事实上，这个名字暗含轻视和嘲讽。从身材方面看，此人十分矮小。常年暴饮暴食、沉迷酒色导致他肥硕无比，这让他看起来更像怪物而非人类。"菲斯干"这个词出自希腊语，正是对他那种滑稽体态的无情嘲讽。

　　托勒密·菲斯干的故事不仅清晰地反映了他的性格特征，而且是那个时代糟糕的礼仪和道德的真实写照。为了王权，托勒密·菲斯干和哥哥，也就是前任国王进行了持久、残酷的斗争。托勒密·菲斯干在斗争中使尽了卑劣手段。最终他哥哥去世，留下了王后，也是托勒密·菲斯干的妹妹，以及一个年幼的儿子。这个儿子是王位继承人，托勒密·菲斯干身为弟弟并没有和先王的儿子争夺王位的资格。这位王后叫克利奥帕特拉，事实上，这是托勒密家族中公主常取的名字。王后除了儿子还有一个年轻貌美的女儿也叫克利奥帕特拉。当然，托勒密·菲斯干妹妹的女儿也就是托勒密·菲斯干的外甥女。

　　王后克利奥帕特拉本打算在丈夫去世后辅佐儿子登上王位，再垂帘听政，直至儿子成年。但托勒密·菲斯干的同党和拥戴者形成了一个派系支持他。他们送托勒

托勒密·菲斯干拜见克利奥帕特拉王后，站在王后身边的两个孩子分别是王后的女儿和儿子

密·菲斯干去亚历山大港争夺王位。眼看着一场兄妹之间的战争即将爆发，这时一纸协约化解了他们之间的矛盾。协约规定托勒密·菲斯干和克利奥帕特拉结婚，然后继承王位，但他必须立克利奥帕特拉和她前夫的儿子为王位继承人。协约从两人的婚礼和菲斯干即位时生效。但这个背信弃义的怪物并没有遵守协约的规定，他决定杀害自己的外甥。他生性极其残暴，而且还很嚣张，他甚至在光天化日之下亲自动手。男孩尖叫着跑到母亲的怀中寻求保护。然而托勒密·菲斯干还是刺中了孩子，夺走了孩子的性命。这是一个新婚丈夫将妻子的亲生儿子刺死怀中的故事。

　　这桩婚姻本来就是赤裸裸的政治交易，夫妻俩从一开始就没有感情。发生了一连串事情之后，我们不难想象两人之间还存在什么情分。托勒密·菲斯干憎恶妻子，又杀了她的儿子，这似乎尽情地释放他那无法无天、野蛮任性的天性。最后，他还霸占了克利奥帕特拉的女儿。在美丽却充满惊恐的少女眼中，托勒密·菲斯干的外表和心灵都一样丑陋、变态。托勒密·菲斯干用暴力迫使女孩屈服，他还休了女孩的母亲，娶了女孩为妻。

　　比起对待家人的态度，托勒密·菲斯干在对待自己的子民时同样极其野蛮、专横、残暴。在这里我们不细说，

第二章 托勒密王朝

我们要说的是,他的残暴发展到了让人忍无可忍的地步,最终他激起了百姓强烈的反抗,托勒密·菲斯干只能仓皇出逃。事实上,他差点没逃出去。百姓围攻并放火焚烧他的宫殿,他们想让暴君和他的同党一起葬身火海。但托勒密·菲斯干最终还是成功逃离。他带着被他休掉的妻子克利奥帕特拉所生的一个漂亮的儿子逃到了塞浦路斯。这个孩子是他们婚姻的结晶,孩子叫孟菲提斯。孩子的母亲非常喜爱这个孩子,正是由于这个原因托勒密·菲斯干才把他带走,他想拿孩子作人质来要挟孩子的母亲,让她收敛一点儿。因为他想到自己离开后,这个女人可能会重获王权。

他的这个猜想完全没错。亚历山大港的百姓拥立克利奥帕特拉为王。虽然她或许还是担心自己这样做会给被挟持的儿子带来危险,但她还是顺应了民意。同时,她又宽慰自己——儿子是在自己亲生父亲的手里,父亲总不会对亲生儿子下毒手。

不久,克利奥帕特拉就牢牢掌握了亚历山大港的最高权力。在她生日即将来临之际,她安排了最盛大的方式庆祝生日。到了那一天,整座城市沉浸在欢乐喜庆的氛围之中。王宫里举行了盛大的庆祝活动,城市各处也举办了各种各样的娱乐活动,有歌舞、戏剧等表演。克利奥帕特拉在宫殿里和朝中的贵族、小姐以及军队的官员一起欣赏盛大的表演。

正当大家沉浸在欢乐中时，仆人向女王禀报有人送来一个大箱子。于是，女王命人把箱子抬到殿内。这箱子从外面看好像装着一件独特的礼物，貌似是为女王贺寿预备的。女王对这个神秘的箱子里装的东西十分好奇。她命人打开箱子，于是，客人都过来围观，每个人都急切地想第一个看到里面的东西。在掀开盖子扯掉蒙布的那一刹那，所有人都大惊失色。他们看到的是克利奥帕特拉那个漂亮儿子的头和手。而尸体的其他部分已被肢解开，散落在盒子里。孩子头是被完整地切下来的。尽管孩子的整张脸苍白而毫无生气，但可怜的母亲还是能辨认出自己的儿子。托勒密·菲斯干是提前把箱子送到亚历山大港的，他特意派人等到克利奥帕特拉生日当天的傍晚，趁大家兴致正高的时候当众把箱子献给女王。看到这惨不忍睹的一幕后，克利奥帕特拉声嘶力竭地哭喊着，恸哭声响彻整座宫殿。紧接着，她陷入了深深的痛苦和悲伤中，这恰恰中了那位暴君的计，让他达到了自己残忍、恶毒的目的。

我们没有兴趣多写这样血腥而令人发指的故事，我想读者也一定不忍细读。但要深入了解埃及艳后的性格，

克利奥帕特拉女王的雕像

我们就必须知道家庭对她产生的影响。事实上，要公正地评价克利奥帕特拉我们应该了解在她的童年生活中她有可能模仿的对象。因为当我们要评判年轻人做的荒唐事及犯下的罪行，就必须考虑他们早年所享有的特权以及他们受到的负面影响。

　　的确，恶魔托勒密·菲斯干比本书的主角埃及艳后早两三代。但在埃及艳后出生之前，托勒密家族几代人的秉性都没有变。实际上，在王室的所有分支中，残暴、腐败、邪恶都有增无减。托勒密·菲斯干那个漂亮的外甥女，在被迫嫁给托勒密·菲斯干的时候对这个可怕的怪物深恶痛绝，但在她丈夫死后，她自己也变成了她丈夫那样残暴、自私、野心勃勃的人。她有两个儿子——拉塞卢斯和亚历山大。托勒密·菲斯干临死前，立遗嘱把埃及王国的王位留给她并授权她选一个儿子和她一起统治国家。从年龄方面看，大儿子继承王位更有优势。但她却偏向选择小儿子，因为她觉得年幼的小儿子更容易被控制。如果与小儿子共同统治国家，她就能掌握最高权力。但亚历山大港的权贵都坚决反对她的计划，他们坚持要求克利奥帕特拉和大儿子拉塞卢斯共同执掌政权，他们要求她召回被流放的拉塞卢斯，让他回来继承王位。克利奥帕特拉屈服了，她同意了他们的要求，但

一块残破的浮雕,上面的左边第一位为克利奥帕特拉,即托勒密·菲斯勒密·菲斯干的外甥女

她逼迫大儿子休掉原配妻子，让儿子娶了一个她认为容易被控制、更顺从的女人。拉塞卢斯做了名义上的国王，母子共同执掌政权的状态持续了一段时间。但母亲决意要独揽大权，而儿子却一直在反对母亲那让人难以忍受的独裁，这使这个可悲的家庭不断发生争吵。最后，克利奥帕特拉抓了拉塞卢斯的几个仆人。这些人都是各个部门的官员。克利奥帕特拉对他们进行了残忍的伤害和毒打，然后把他们拉去示众并向大家解释是拉塞卢斯对他们用了酷刑，并号召大家将拉塞卢斯绳之以法。最终，她用一些类似的手段激起了朝中大臣和百姓对拉塞卢斯的仇恨，拉塞卢斯被驱逐出境。接下来，母子之间爆发了一连串的战争，在这些战争中一方为扳倒另一方不惜犯下几乎让所有人都难以想象的残暴罪行。小儿子亚历山大十分畏惧残忍的母亲，他不敢再留在亚历山大港，于是请求流放。但最终他还是回到了埃及，而他的母亲立刻猜想他回来的目的是和她争夺王位，所以她决定杀掉小儿子。母亲那让人无法容忍的暴政让亚历山大很压抑，在得知母亲的计谋后，这种压抑的情绪最终变成了绝望，于是，他决定杀了这个女人来结束一直伴随着自己的焦虑和恐惧。最后他成功了，然后他逃离埃及。他的哥哥返回埃及执掌政权，在他有生之年，这个国家安宁、和平。最终，拉塞卢斯驾崩，把王位留给了自己的儿子，也就是埃及艳后的父亲——托勒密·奥里斯特。

托勒密·奥里斯特的母亲和托勒密家族历代女王和王妃性格无异。她可怕的事业生涯彻底地展现了冷酷无情的行为以及血腥的游戏规则，所以这个女人的出现并没有让托勒密家族给我们的印象带来一丝暖意。她自私、变态、轻率、残忍、野心勃勃、无视道德准则和伦理，她就是这个家族的典型代表。

比如，她有两个女儿，她们都原原本本地继承了母亲的脾性。姐妹俩的人生反映了托勒密家族中盛行的那种互相仇恨的风气。

地中海东北部有一个离埃及不远的国家——叙利亚。该国有两名王子，虽说是一母所生但两人势不两立。其中一个想下毒害死另一个，随即战争爆发。整个叙利亚都受到战争的蹂躏。刚才我们提到的那对姐妹中的一个就嫁给了这对兄弟中的一个。这个女人就是特里菲娜。兄弟之间的战争一直在激烈地进行着。过了一段时间后，这对姐妹中的另一个——克利奥帕特拉——拉塞卢斯在母亲的授意下休掉的那个女人，嫁给了这对兄弟中的另一个。由于克利奥帕特拉嫁给了自己丈夫的敌人，特里菲娜感到怒不可遏。从此，姐妹间的深仇大恨使两兄弟

埃及艳后的父亲托勒密·奥里斯特

托勒密·奥里斯特的母亲克利奥帕特拉

间的矛盾愈演愈烈。这场可耻的斗争向世人展示了一场手足相残的变态戏码。

事实上，从那时起特里菲娜就急于报复自己的妹妹，她似乎对这场斗争充满了前所未有并不断高涨的兴趣。她密切关注着战争的情况，并且还积极推动战争的发展。由于某些原因，特里菲娜的丈夫在战场上一直占据上风。克利奥帕特拉丈夫的军队被追得东躲西藏。最终，为了保障妻子的安全，克利奥帕特拉的丈夫把妻子留在安提俄克。他认为安提俄克设防坚固，是一个安全的城市，而他自己则奔赴战场。

得知妹妹躲在安提俄克，特里菲娜就催促丈夫攻打此地。于是，她丈夫派了一支精锐部队包围并一举夺下了这座城池。当然克利奥帕特拉本会落入敌军之手，但为避免被俘，她逃到了一座神殿寻求庇护。当时，寺庙被认为是不可侵犯的圣地，因此，士兵没有再继续追杀。但特里菲娜却还一再要求丈夫把这个令她讨厌的逃犯交到她手中。她说她一定要杀了克利奥帕特拉。她的丈夫拒绝了这个残暴的提议并告诫她："杀了她只是完全无益的残酷行为。克利奥帕特拉在未来的战事中不太可能对我们做出不利的事情。如果现在杀了她，只会激怒她的丈夫和朋友，让他们在接下来的战斗中斗志大增。而且她躲在寺庙中，如果我们强行侵入圣地，这种忤逆神灵的行为会遭到天谴。况且，她是你的妹妹，杀了她会让我们背负伤天害理、不可饶恕的罪名。"

因此，他让特里菲娜不要再提她妹妹的事，因为他绝不会同意让克利奥帕特拉再受到任何伤害。

丈夫的拒绝让特里菲娜的仇恨和愤怒更加强烈了。事实上，丈夫对她妹妹命运的关注让她妒火中烧。她猜测，丈夫如此热心地维护克利奥帕特拉一定是受到了克利奥帕特拉的诱惑。在她看来，她仇恨的对象从单纯的敌人变成了不共戴天的对手。她决意不惜一切代价毁掉克利奥帕特拉。因此，她命令一队暴戾恣睢的士兵闯进寺庙抓人。克利奥帕特拉惊恐地逃到圣坛上，用尽一切力量抓住圣坛。最后士兵砍断她的手脚才把她抓下来。克利奥帕特拉的反抗和血腥的场面让士兵们失去了理智，他们一刀接着一刀地刺向躺在圣殿地上的克利奥帕特拉。刚开始，可怜的克利奥帕特拉还挣扎着逃命。由于恐惧，她撕心裂肺地尖叫，渐渐地，她奄奄一息。稍微平息下来，她便开始狠狠地诅咒特里菲娜，她认为是姐姐的仇恨毁了自己，她诅咒上天的审判降临到这个毫无人性的姐姐头上。

尽管我们已经举出这么多这个显赫家族的性格行为

的实例，但托勒密王朝的统治仍然经历了十三个国王，历经三百多年。而且，这个王朝也一直是古代最自由、最开明、最繁荣的王朝之一。下一章中我们会谈到这些暴力的统治者掌权时这个国家的内部状况。同时，我们想补充一点，如果你看到现代统治者和政客在私生活和政治生涯中显露出野心、自私、善变的特征，或者看到他们进行党派斗争，或者看到他们设计阴谋时，就认为随着社会的进步人性在不断堕落、倒退，那么在认真了解了托勒密王朝的历史，并且仔细思考书中对古代统治者的性格真实而公正的描述后，你就会明白自己之前的想法是错误的。

第三章

亚历山大港

精彩看点

托勒密王朝的内政——人民的生产——令人满意的效果——无所事事是邪恶的温床——闲散贵族的恶行——堕落和邪恶——两个阶级的工作——亚历山大港的伟大之处——海港的形势——货栈和粮仓——海港的业务——城市内部的景观——保护本地产业——公共建筑——灯塔——灯塔的名气——灯塔的特殊位置——照明的方式——现代方法——灯塔的建筑师——巧妙的设计——灯塔遗迹——亚历山大图书馆——图书馆的重要性——塞拉皮斯神殿——埃及的塞拉皮斯——希腊的塞拉皮斯——托勒密一世的梦想——神像的重要性——托勒密一世向锡诺帕国王的提议——托勒密一世最终成功——获取书的途径——犹太经典——犹太人的封闭——对经典的兴趣——埃及的犹太奴隶——托勒密二世的计策——托勒密二世解放奴隶——为奴隶支付赎金——托勒密二世取得成功——翻译典籍——早期副本——当前的手抄本——托勒密王朝的其他计划——筹集资金的方法——重税——人民贫穷——古代和现代的首都——托勒密王朝的慷慨——亚历山大港的辉煌——强大的对手

读者一定很难想到，在暴力的统治者统治期间，频频出现在埃及王室中那些毫无节制的恶性事件以及不计后果的施暴和犯罪现象在社会大众中也普遍存在。但从总体上看，政府的内部管理，包括调节生产事务、维护和平秩序、保障公平正义等事务还是由值得信任、忠于职守的人负责着。因此，尽管国王们肆意挥霍，但政府的日常事务、百姓的日常生活以及社会的整体秩序都还井井有条，国家基本还算平静、繁荣，人民还算幸福。在托勒密王朝统治的三百年间，埃及王国的土地上处处都是繁荣、充满生机的生产景象，并且这种状况几乎没有中断过。每年，洪水在固定的季节到来，又按规律退去。经洪水滋养的广阔的土地十分肥沃，到处都有人在耕种。人们犁地、播种、适时疏通运河水道及灌溉。当地百姓忙于农事，所以没时间闹事。因为埃及很少有云和暴雨，所以天空总是很晴朗，因此，呈现在人们眼前的总是葱郁、美丽的画面，令人心情愉悦。年复一年，日复一日，谷物成熟，粮食满仓。然后，人们平整完土地后等待下一年洪水来临。

我们说百姓善良是因为他们很忙。因为如果社会没有稳定而健全的政治、经济制度，那么就说明这个社会的百姓闲散、懒惰、无所事事。闲散和懒惰的现象总是普遍存在于一些阶层中。这些阶层中的人可能是因为有固定资产不需要工作，也可能是因为贫困潦倒得不到工作。当财富不固定且财富受其所有者支配时，只要财富的所有者愿意，他可以让自己忙于管理财富。也许财富会使个别人变邪恶，但他不会让整体阶级堕落，因为财富不会让每个人都变得无所事事。但在任何培养贵族阶层的社会中，贵族的收入来源都是继承财产或永久固定的年金，因此，贵族就无须考虑自己的财富从何而来，这就势必导致这些人变得闲散、懒惰。最终，贵族阶层就沉溺于享乐、放纵成性。事实上娱乐并不是坏事。但按上帝的旨意，娱乐活动应该发生在人类生产活动的间隙中，用于休息。但对于那些把享乐作为生活目标的人而言，这远远不能满足。同样，也许是受到社会制度的影响，也许是受到人类无法控制的自然因素的影响，如

第三章 亚历山大港

果某一阶层的人都道德沦丧、颓废、卑劣,无法感受到劳动对人的意义,那么这个阶层就必然会腐败、堕落。堕落在所有语言中都是邪恶的近义词。当然,关于这些普遍规律也不乏例外。忙碌、活跃之人中也可能有恶棍,而国王、贵族阶层中品德高尚的事例也不胜枚举。但闲散是邪恶的温床,这一普遍规律是毋庸置疑的。因此,邪恶多存在于社会的顶层和底层,因为那里经常被闲散等不良习性控制。所以,整治邪恶的最佳方式就是去工作。想让整个社会的人都变得正直、善良,最重要的是让社会各个阶级都有事可做。

根据这些规律,我们观察到,在托勒密王朝的王公贵族中长期、广泛地存在着可憎、极端的恶行,但朝中执事大臣以及其他使政府运作起来的那些人仍能理性、忠诚地履行各自的职责。整个社会的主流氛围仍是勤奋、繁荣和幸福。这种繁荣的景象不仅出现在尼罗河三角洲的农业区,也出现在亚历山大港的商业、航海业和手工业区。

实际上,亚历山大港建成后不久就成为一个重要、繁忙的城市。由于多种因素,亚历山大港很快就成了重要的商业中心。首先,亚历山大港是重要的商品出口仓库。所有埃及生产的谷物等农产品的盈余都储存在这

埃及艳后

里。这些农产品先被运到三角洲上游地区，河水在上游地区分流，因此农产品就可以一直顺着卡罗皮克支流被运到亚历山大港。事实上，这座城市并不在卡罗皮克支流旁，而是在大海附近一块离河道仍有一段距离的狭长陆地上。由于河水和海水长期相互冲击，入海口处就形成了沙洲和沙坝。所以直接进入海峡并不是件容易的事。但亚历山大港的工程师发现，这座城市周围的海水较深，如果在那里设港，然后开凿通向尼罗河的运河，这样就可以轻松地连通尼罗河和地中海。

一幅雕版画：早期的亚历山大港

第三章 亚历山大港

谷地的产品被载着顺流而下,经过运河被送到亚历山大港。亚历山大港建起了大型的货栈和谷仓。谷地的产品可以安全地存放在这里,等到轮船入港,再运到别处。这些轮船来自叙利亚、小亚细亚、希腊、罗马等地区的海岸。他们从自己的国家带来农产品和各种手工制品卖给亚历山大港的商人,然后再采购各种埃及的货物运送回国。

亚历山大港就这样一直保持着生机勃勃的景象。商船不停地来往、停靠。海员们有的升帆起航,有的起锚

埃及艳后

开船，有的驾驶着大帆船在水上穿梭。他们一边划桨，一边随着船桨的节奏喊着号子。城市里同样是川流不息的景象。成群的工人在船上装卸经尼罗河运来的货物。脚夫们把一捆捆商品和一袋袋谷物从仓库搬到码头，或将货物从一个登陆点搬到另一个登陆点。偶尔，军队列队在这里登陆。运送战士尸体的战船到达或离开时都会打断这些繁忙的工作场景。或许当时的人们会觉得这只是工作中的小插曲。偶尔，王室中兄弟倾轧或母子对峙引起的叛乱、内战会使这里平稳有序的工作暂停一段时间。但这些干扰相对较少，一般也不会持续很久。尽可能地减少对商业和农业运作的阻碍是对王室各派系利益的一种保护。实际上，农业、商业的繁荣也保障了国家的财政收入。统治者深谙其道。所以不论两个王子多么势不两立，不论敌我双方有多想摧毁对方的军队，他们都尽可能地保护私有财产和百姓的生命。只有这样，百姓才能从事生产、创造价值，他们的劳动才能为互相争斗的人提供他们争夺的财富。

因为埃及的国王们从这种角度来看待自己的子民，所以亚历山大大帝和托勒密王朝早期的几任国王在位时都不遗余力地提升亚历山大港的商业价值。他们修建宫殿，但他们也修建仓库。

第三章 亚历山大港

其中,他们建的最昂贵、最著名的大型建筑就是我们前文提到的灯塔。灯塔是白色大理石建成的豪华塔形建筑。灯塔坐落在与城市遥遥相对的法洛斯岛上。浅滩形成的地峡和沙洲连接了海岛和城市海岸。在浅滩上建码头、堤道最终使这里变成了宽阔而宜居的海峡。但城市的主体部分还是建在大陆上。

地球表面的曲面性质要求海岸线上的灯塔要达到一定的高度,否则,海员在远处就很难看到地平线以上的塔尖。为了让灯塔达到一定高度,建筑师们通常会利用海岸附近的山丘、悬崖或高耸的岩石地形建灯塔。但在

亚历山大港的灯塔

埃及艳后

法洛斯岛,这些条件都不具备。因为这里和陆地一样,海拔低、地势平坦。因此必须建大型的砖石建筑来满足高度的要求,而建筑所需的大块石料必须从远处运到此地。亚历山大港的灯塔是在托勒密二世——托勒密·费拉德尔普斯在位期间建的。建这一工程历经艰辛,开销巨大。完工后,这一工程被誉为世界七大奇迹之一。但它之所以举世闻名,在很大程度上是由于它特殊的地理位置。灯塔矗立在当时世界上最大的贸易中心的入口。它白天像云柱,晚上像火柱,吸引着照射范围内的所有

图为托勒密二世在位期间发行的金币,上面的人物分别为托勒密二世和阿尔西诺伊二世

船只。船上的海员向它投来感激的目光，因为灯塔的灯光为他们指路，替他们驱散恐惧，同时也唤醒他们的感恩之情。

塔顶的光是由火产生的，而火是由一种能产生强烈光亮的可燃物燃烧形成的。可燃物在白天燃烧得很慢，在太阳落山后开始加速燃烧，并且在夜间还需要不断补充燃料。而在现代，人们采用更便捷、经济的方法来满足照明的需要。灯塔上的灯笼中间有一个燃烧着的巨大油灯。油灯中火焰发出的光本应该自然地照到灯塔周围和灯塔后面的陆地上。但人们利用了神奇的反射器和多边棱镜的原理，经过巧妙设计和精确调试后，把光线聚集到了远方。又宽又薄的光片让光照射到那些需要照明的海面上。而在上述灯塔设计被完善之前，绝大部分从灯塔中释放出来的光亮都白白地投射到了陆地上或消失在星空中。

当然，建造亚历山大港灯塔这样的巨型建筑以及维持它的正常运行是一种巨大的荣耀。但问题自然会产生，那就是这份荣耀归建筑师还是当时的国王。建筑师科学的设计使工程完工，而建筑师却要依靠国王的权力和资源，才有用武之地。灯塔的设计者是希腊人索斯特拉特。建灯塔时的国王，就是我们提过的托勒密二世，常被称作是托勒密·费拉德尔普斯。托勒密·费拉德尔普斯下令在工程完工时，在接近塔顶的地方镶一块石板，把自己的名字刻在石板上面。他想以建筑的建造者身份被人们记住。然而，索斯特拉特更希望留下自己的大名。因此，索斯特拉特按吩咐做了石板并把它镶在塔身上。但他用希腊文悄悄地把自己的名字刻在石板上，然后用石灰覆盖石板表面，并在上面人为地画了一些线条来模仿石头的自然纹理，再在石灰表面刻上国王的名字。随着时间的推移，表面的石灰渐渐脱落，国王的名字消失，而索斯特拉特的名字和宏伟的建筑一起流芳百世。

据说灯塔高四百英尺。它有过几个世纪的辉煌历史，但现在只剩下一些废墟。

除了宏伟的灯塔上投射的灯光之外，亚历山大港还有另一处灯光集中的地方。与灯塔相比，这些地方在某些方面更引人注目，也更有名气。这些地方就是由托勒密王朝国王们修建并维护的大型图书馆、博物馆。在修建之初，博物馆并不像它名字的含义那样表示是奇珍异宝的收集处，它只是一个学习机构。这个机构的主要成员是一群研究哲学和科学的学者。这个机构有雄厚的资金支持，而且还有宏伟的建筑。设立机构的国王很早就收集大量书籍供这里的学者使用。维护这里运转需要巨

第三章 亚历山大港

额开销，因为新增的每本书都需要用笔小心翼翼、费时费力地誊写在羊皮纸或草纸上。为了完成这项工作，博物馆一直都在雇用大量的抄写员。那些对扩充博物馆感兴趣的国王会把本属于学者个人或存放在自己管辖范围内的任何城市的书掠夺过来，然后他会命博物馆抄写员工整地誊抄一份，最后国王把书籍的原版留在亚历山大港图书馆中，再把手抄本还回去。同样，他们会向访问埃及的旅客"借"（用他们的话说）所有有价值的书。在归还时，同样是留下原版，归还手抄本。

当这里的书增加到四十多万卷之后，博物馆的建筑物中没有空间再继续存放书籍了。但在城市的另一边有一座为塞拉皮斯神建的神殿——塞拉皮斯神殿。这个神殿是一座非常宏伟的建筑，更确切地说是一个建筑群。神殿的起源和历史都不同寻常，传说是这样的：

塞拉皮斯是埃及最古老的神灵之一。亚历山大港建成以及托勒密家族上台之前，埃及人就一直崇拜塞拉皮斯神。同时，因机缘巧合，当时的大商业都市锡诺帕有一尊与塞拉皮斯同名的雕像。而锡诺帕城建在小亚细亚延伸到黑海的岬角上。从某种程度上说，这里是"北方的亚历山大港"。它是北边的商业中心，在世界贸易领域占有一席之地。

人们认为锡诺帕的塞拉皮斯神像能保护海员。因此，从这座城市进出的海员都祭拜它。海员们会献上祭品，求它保佑。因为他们相信在遇到暴风雨时，他们的安全很大程度上都依赖于一些神秘的、不可思议的力量。海员们走到哪里就把塞拉皮斯神的名字以及相关的神迹故事带到哪里。因此，这位神的故事被传得越来越远，名气也变得越来越大。首先被传到黑海海岸，然后被传到更远的地方。渐渐地，锡诺帕的塞拉皮斯成了大家公认的海员保护神。

因此，在构思和完善亚历山大港时，托勒密·费拉德尔普斯说他在梦中得到神的旨意，要把锡诺帕的塞拉皮斯神像安放在亚历山大港的一个神殿中。而塞拉皮斯神殿正是当时托勒密·费拉德尔普斯以神的名义建的。很明显，这一计划如果能落实，会给亚历山大港带来诸多优势。首先，塞拉皮斯神殿在百姓心中会成为新地标，他们会毫不犹豫地认为这里所供奉的神就是他们自己那个古老的塞拉皮斯神。其次，对崇拜塞拉皮斯的海员来说，如果他们的神被安放在专门建的全新、宏伟的神殿中，那么亚历山大港无疑就成了宗教圣地，到时所有的海上财富就会流向这里。也就是说，如果亚历山大港没有这座海神神殿，它也不会成为如此重要的海港。

塞拉皮斯神的雕像

因此，托勒密·费拉德尔普斯派人出使锡诺帕，向他们的国王购买神像。但这次出使结果并不如人意。锡诺帕的国王拒绝托勒密·费拉德尔普斯的提议。谈判持续了两年多还是没有好结果。最后，由于锡诺帕沿海地区的气候异常，引发饥荒。最后饥荒变得相当严重，以至于百姓不得不拱手将神像送来向埃及换取粮食。托勒密送去了粮食，接收了神像。然后他派人修建神殿。完工后，这座神殿成了世界上最宏伟、气派的宗教建筑之一。

亚历山大图书馆没有剩余空间后，书籍就存放在这座神殿中。最终，亚历山大图书馆收藏了四十万卷书籍，塞拉皮斯神殿收藏了三十万卷。前者被称为母馆，而后者作为前者的藏书拓展地，被称为子馆。

托勒密·费拉德尔普斯对收藏图书很感兴趣，他希望能够收集全世界所有的书籍。为了了解周边国家有哪些书籍，他雇学者阅读研究，雇旅行家广泛游历。一旦发现书籍，托勒密·费拉德尔普斯就会不辞辛苦、不计代价地得到原版书或最完美、还原度最高的抄写本。托勒密·费拉德尔普斯派人到雅典寻找希腊最著名的历史学家们的作品，然后他让人做出最漂亮的手抄本。接着，他派人把手抄本送回雅典，同时送去一大笔钱用来补偿原版和手抄本之间的差价。

第三章 亚历山大港

收罗周边国家书籍扩充图书馆时，托勒密·费拉德尔普斯听说耶路撒冷的神殿中有一套圣书。它是由十分详细有趣的历史书、神圣的先知书与诗书组成的。实际上，这些书就是用希伯来语写的《圣经旧约》。当时除了犹太人，世人对这些书一无所知。即使在犹太人中，知道这些书的也只有一些学者。这些书在耶路撒冷被奉为圣物。犹太人认为向"异教徒"展示这些书是对神明的亵渎。实际上，当时的犹太人把自己和外面的世界完全隔离开，因此，他们的语言在那个时代除了犹太人和加利利人之外几乎没人能听懂。所以其他国家的学者根本不可能读懂这些书。

托勒密·费拉德尔普斯很自然地想到复制这套经典将会使他图书馆的收获很大。这些书代表了这个国家的最高文明。而这个国家在某种程度上是当时世界上最非凡的国度之一。托勒密·费拉德尔普斯还构思了一个计划，他不仅要为图书馆添加一套原版希伯来文的手抄本，还要将其翻译成希腊文。如此一来，那些被图书馆和学术机构吸引来的希腊、罗马学者就很容易读懂这套经典了。但首先要得到比较权威的犹太人的同意，因为他们有可能不愿意交出这套经典的手抄本。

托勒密·费拉德尔普斯认为，在那个时候，犹太人拒绝他的原因是因为在他之前的几位君王统治期间两国曾发生过战争，并且埃及人带回了大量的战犯，还把战犯当作俘虏卖给当地人。现在这些俘虏散落在埃及各地成了奴隶。作为最卑微的劳动力，他们摇动着巨大的辘轳从尼罗河中抽水来耕种土地。这些奴隶的主人和其他奴隶主一样，都认为奴隶是私有财产。从某些方面讲这是正常的，虽然他们对奴隶个人没有有效的所有权证明，但这些奴隶毕竟是他们在战争结束时花了不少钱从政府那里买来的。这在后来的释放奴隶的活动中给了他们合理的理由向政府索要赔偿。

为了与犹太人和解，让他们友好地接受托勒密·费拉德尔普斯的提议，托勒密·费拉德尔普斯和大臣们，现在我们也不知道是谁促成这场交易并决定释放奴隶后把他们送回自己国家。但托勒密·费拉德尔普斯向奴隶主支付了很大一笔钱作为赎金。据古代的历史学家记载，当时释放了十二万奴隶，向奴隶主的赔款达到六百塔兰特[①]。历史学家经常担心被叙述者的利益受到损害，所以总是在必要的时候加上一点夸张。

[①] 对于普通的历史读者而言，在这样的交易中以英镑或美元为参照是足够清楚的。当时一塔兰特相当于二百五十英镑或一千美元。但奇怪的是，尽管释放这些奴隶付出了如此大数额的赎金，但付给每个人的钱也仅仅只有五美元。——原注

中世纪的耶路撒冷

然而，这也仅仅是为获得这套经典所付出的一部分代价而已。

在释放并归还奴隶之后，托勒密·费拉德尔普斯派出了一支阵容强大的使团出访耶路撒冷，并且给那里地位最高的大祭司带去了一封充满敬意的信和一些体面的礼物。使团成员受到最高规格的接待。托勒密·费拉德尔普斯的提议很快得到了应允。大祭司命人制作了所有经典的手抄本。这些手抄本用金字装帧，是一种极其华丽的风格。在托勒密·费拉德尔普斯的要求下，犹太政府还派了一队通晓希腊语和希伯来语的学者前往亚历山大港，在图书馆里认真地把希伯来语的典籍翻译成希腊

出土的手抄本的复制品

语。翻译的学者来自十二个部落，每个部落中有六个人，共计七十二人。他们的译作被命名为"Septuagini"，源于拉丁语"Septuagianta duo"，其意为"七十二"。

　　虽然在犹太教以外没有把这些希伯来典籍尊为神圣权威，但作为有趣、神秘的历史著作它还是引起了亚历山大港图书馆的希腊、罗马学者强烈的好奇心。接着，"Septuagint"译本出现很多手抄本，并被带到其他国家。随着时间的推移，手抄本又被誊抄，最后这部著作在学术界广泛流传。当教士和僧侣们在罗马帝国推广基督教时，他们对这些早期译本的兴趣比古代学者更浓厚，这些早期译本便成为宗教典籍的重要组成部分。教士和僧侣为神殿、修道院、大学制作了新的手抄本。最终，当印刷术出现，译本成了最早使用活字印刷这种神奇魔法的印刷品之一。由七十二位译者翻译的原版手稿和一些早期的手抄本早已丢失或毁坏了，但现在成千上万册印刷版分散在各个基督教国家的公立和私立图书馆中。经历了两千多年后，"托勒密 Septuagint"版的副本在现代任何一个国家的大型书店都可以买到。如果史学家的记录无误的话，当时派出了级别最高的使团，花费了上万美金才得到的手抄本现在只需要普通工人两天的工资就可以轻松换取。

除了建灯塔、博物馆和塞拉皮斯神殿以外，早期的托勒密王朝还制订并实施了很多计划。制订这些计划和修建宏伟的建筑只有一个目的，即从各个方面吸引人们对亚历山大港的关注，从而把它变成一个集商业、文化、宗教为一体的贸易中心，让亚历山大港成为所有人向往的胜地。为了达到这个目的，政府通过对尼罗河流域生产的农产品征收重税增加收入。每年一次的洪水泛滥造就了广阔、肥沃的土地，通过生产为国库提供收入。尼罗河源头阿比西尼亚的雨水使修建法洛斯岛变得可能，雨水带来的财富也为亚历山大图书馆提供了资金。

为了给托勒密王朝提供资金，埃及百姓承担了很重的赋税，广大的农业人口过着一贫如洗的生活。因此，在赞叹这座城市辉煌、伟大时，我们必须记得这份荣光背后有着沉重的一面，那就是百姓注定要承受深重苦难。为了用神殿和宫殿来装点这个国家，人们只能住在河边小村子里的破旧茅草房里。为了让图书馆收藏七十万卷昂贵的手稿供外来的哲学家和学者研读，当地老百姓只能在蒙昧无知中度日。从长远来看，托勒密·费拉德尔普斯的政策或许有利于整个社会的进步和人类的终极利益，这可能是他们生活在那个时代的追求。但在为他们的成就喝彩的同时，我们也不能完全忘记为获得这一切

第三章 亚历山大港

所付出的代价。今天,如果付出同样的代价,我们所获得的成就将远远超过他们。比如,如果那些在山坡和平原上的舒适洋房中的农民愿意放弃他们的房子、家具、地毯、书籍以及孩子享有的特权,而在一年辛苦劳作之后,仅仅保留维持家庭温饱的物资,并且终年住在破败不堪的草房中,过着贫苦、劳累的生活,最后甘愿倾其所有把创造的一切都交给那些住在大西洋海滨世袭的统治者,让他们修建金碧辉煌的首都,那样他们肯定会建成另一个亚历山大港,而所建城市的辉煌程度和名气将远远超过古代托勒密王朝的首都。那么,这个国家为他们极其壮观的城市付出的代价将和古埃及人为亚历山大港付出的代价一样。

托勒密王朝经常慷慨、开明地花掉征税获得的钱财达成各种目标。建灯塔、搬迁塞拉皮斯神像、资助博物馆和图书馆,伟大的构想都完美地成为现实。另外一些提升城市地位的项目也在科学、开明、慷慨精神的引导下完成了。人们拓宽了街道,建了华丽的宫殿,造了船坞、码头、防波堤,加固了堡垒和塔楼等军事工事。这个城市通过各种方式吸引着当时文明程度最高的国度的人聚集于此。托勒密王朝开出优厚条件吸引商人、工匠到此安家。他们欢迎不同国家、不同水平的诗人、画家、雕塑家、学者，并且为这些人提供各种便利。所有计划都取得了巨大成功。很快，亚历山大港就成了一座重要的城市。埃及艳后就出生在这个辉煌而伟大的时代，并注定要在这个时代有所作为。当埃及艳后登上历史舞台时，这个城市在世界上只剩下一个对手，那就是罗马。

第四章

埃及艳后之父

精彩看点

亚历山大港的竞争对手——罗马的统治范围——罗马帝国扩张——埃及艳后的父亲——托勒密十二世低贱的出身——恺撒和格涅乌斯·庞培——托勒密十二世花钱与罗马结盟——为筹钱增税——亚历山大港的起义——托勒密十二世出逃——贝雷奈斯四世——贝雷奈斯四世与塞琉古七世的婚姻——埃及艳后早年的生活——托勒密十二世遭鄙视——托勒密十二世与加图会面——加图的个性——托勒密十二世的待遇——加图的建议——托勒密十二世到达罗马——托勒密十二世的申请——罗马元老院的行动——托勒密十二世的复辟计划——贝雷奈斯四世的措施——贝雷奈斯四世派到罗马的使者——托勒密十二世的背叛——后果——反对托勒密十二世——预言——逃避神谕——奥卢斯·加比尼乌斯临危受命——马尔库斯·安东尼斯·马西·费尤斯·马西·尼波斯——马克·安东尼的经历与性格——马克·安东尼在希腊——马克·安东尼加入奥卢斯·加比尼乌斯的军队——穿越沙漠的危险——被摧毁的军队——马克·安东尼的性格——马克·安东尼的外表——穿越沙漠——占领佩鲁斯阿姆——穿越三角洲——罗马人成功——阶下囚贝雷奈斯四世——阿克劳斯的命运——马克·安东尼的悲痛——托勒密十二世异常的喜悦

埃及艳后即将登上历史舞台的时候，人们认为，在首都的吸引力方面能与亚历山大港媲美的只有罗马。但罗马的军事力量远远超过埃及，无论是从军队的规模，还是从势力范围来看都是如此。亚历山大港的服务范围包括埃及及其周边海岸和岛屿。但就在亚历山大港的地位和声誉不断提升的三个世纪中，罗马帝国已经将势力扩张到全世界。当时，埃及较偏远，不能直接抵达罗马。即便如此，埃及艳后出生时，埃及的事务还是以一种令人震惊、十分独特的方式和罗马的军事力量混在了一起。这些情况改变了埃及艳后的人生轨迹，因此梳理这段历史有助于了解女王事业开始时的情况。事实上，正是由于当时罗马帝国扩张到埃及边境，同时，罗马上层将士从那时起与埃及国王之间的联系又在不断加强，所以这个故事中非凡的女王才会成为世人关注、好奇的对象。这也是她在家族中比其他多个"克利奥帕特拉"更引人注目的原因。

就个人品性而言，埃及艳后的父亲——托勒密·奥里特斯可能是托勒密王朝的国王中最放荡、堕落、腐败的那一个。他道德败坏，一生荒淫无度。他引以为傲的本事是长笛演奏。托勒密·奥里特斯常举办音乐比赛。在赛场上，他和亚历山大港的乐师们同台竞技，为奖金和花冠而搏。但在亚历山大港和世界人民看来，国王的这种追求并不能展现王室的卓越，甚至根本就不值得人们关注。人们痛恨国王的丑恶行为，同时还鄙视他那平庸的抱负。

人们对托勒密·奥里特斯继承王位有很大争议。因为，他的母亲并非贵族，身份极其卑微。但托勒密·奥里特斯也不是通过对政府进行有力、成功的管理来确立、稳固自己的地位的。相反，他完全不理国事。为了保住王位，他制订了一项计划，即和罗马人结盟，从而获得罗马的认可。他认为一旦结盟成功，那么罗马政府就会在他的王位受到威胁之时出手保他。

罗马的政府组织形式有点儿像共和制。当时这个国家的两位风云人物分别是格涅乌斯·庞培和恺撒。在托勒密·奥里特斯提出结盟请求之时，正是恺撒当权。而格涅乌斯·庞培在小亚细亚忙于米特拉达梯的战事。米特拉达梯的国王态度非常强硬，坚决抵制罗马的势力。

托勒密·奥里斯特的头部雕像

恺撒当时债务缠身，急需用钱来缓解困境。另外，恺撒还想用钱来实施一些重大的政治计划。经过长期谈判，恺撒最终同意只要托勒密·奥里特斯支付六千塔兰特（相当于现在的六百万美元），他就愿意利用自己的影响力来稳固罗马和托勒密·奥里特斯之间的联盟。恺撒说其中一部分钱是要分给格涅乌斯·庞培。

结盟成功后，托勒密·奥里特斯就开始通过增加赋税来筹集钱。但这本是为稳固王权而采取的措施最终成了推翻他统治的导火线。百姓普遍强烈不满，之前一直压抑、掩藏的情绪在此时爆发了，最后发生了一场暴力冲突。除了以往的负担，老百姓又受到新的、比之前更重的剥削。百姓们不愿忍受这样的事情。将祖国以这种名义卖给罗马，这使他们很难接受，更何况现在还要被迫自己掏钱来促成此事。亚历山大港的百姓感到绝对不能容忍，于是开始反抗。托勒密·奥里特斯不是一个果断、勇敢的人，面对危机他无法保持冷静，他没能成功镇压示威。在这种情况下，托勒密·奥里特斯的第一反应是逃命，他想尽快逃到罗马请罗马人支援。

托勒密·奥里特斯出逃时留下五个儿女。最大的是女儿贝雷奈斯四世，她当时已经成年。二女儿就是我们故事的主角——埃及艳后，当时十一岁左右。托勒密·奥

庞培当政时期发行的货币,上面的人物头像为庞培

恺撒当政时期发行的货币,上面的人物头像为恺撒

第四章 埃及艳后之父

里特斯还有两个儿子,当时他们都还很小,其中一个也叫托勒密。

在托勒密出逃后,亚历山大港的百姓决定将贝雷奈斯四世推上王位。他们认为两个王子年龄太小,在这种危急时刻不能统领大局。他们的父亲托勒密·奥里特斯很可能复辟。贝雷奈斯四世欣然接受百姓赐予她的荣耀和权力。她搬到父亲那富丽堂皇的皇宫,开始统治埃及。后来,她想到与邻国联姻可以巩固自己的地位,于是她派使臣去向叙利亚的王子安条克提亲。然而,使臣却带回安条克已去世的消息。但安条克的弟弟塞琉古七世,是安条克的继任者。于是,贝雷奈斯四世派使臣重新提亲。塞琉古七世接受了联姻提议,来到埃及和贝雷奈斯四世结了婚。婚后,贝雷奈斯四世发现自己并不喜欢丈夫,于是就派人下毒手勒死了他。

经过谋划和安排,贝雷奈斯四世又一次谈判成功。这一次,她嫁给了来自小亚细亚的某国王子,或者说假冒的王子——阿克劳斯。比起第一任丈夫,贝雷奈斯四世对第二任丈夫更满意。渐渐地,她觉得自己的地位已经确立,王位也很稳固了,如果父亲试图复辟的话,自己已有能力进行有力反击。

埃及艳后就是在这样的环境中长大的。她的个性受到父亲、姐姐以及类似的其他家庭成员的影响。埃及艳后目睹了各种斗争，接触了宫廷中的许多极其邪恶、变态、残暴的事情。她在宫中成长，变得充满活力、美丽动人，同时被娇宠放纵。

埃及艳后的父亲托勒密·奥里特斯继续逃向罗马。之前那些不堪的事使他在周边国家臭名昭著，加之，此次所作所为使自己置身困境后，他无耻地选择了出逃，这一切让他成了众人鄙夷的对象。

逃亡途中，他经过罗得岛。恰巧罗马伟大的哲学家、将军加图那个时候住在此地。此人个性坚毅，对当时的政治事务有很大的影响力。托勒密·奥里特斯派使者向加图通报自己到来的消息，他认为这个罗马将军听到他驾到的消息后会很快赶来向他这个大人物请安。因为托勒密·奥里特斯觉得自己毕竟是托勒密王室成员、埃及的国王，现在只不过暂时"虎落平阳"。加图意识到自己和托勒密·奥里特斯不会产生什么特殊的联系，他便对信使说："向你的国王说，如果他有什么事，若他愿意的话可以来见我。"

托勒密·奥里特斯不得不压住怒火，乖乖照办。因为见到加图，取得加图的好感，并与他合作对自己接下来的计划非常重要。为了到达当时最伟大的国家，托勒

马尔库斯·波尔基乌斯·加图·乌地森西斯

密·奥里特斯只好去拜访加图,而不是让加图来拜访自己。第二天,他身着盛装,带着很多随从,来到加图的住处。加图的住所和他的性格一样简单、古板。当时加图穿着朴素,在国王进门时甚至没有起身迎接,只是挥手示意,让客人就座。

托勒密·奥里特斯说明自己的情况,并表明来意。他希望加图发挥影响力劝罗马人插手自己的事。但加图非但没有流露出半点支持他的意思,反而毫不掩饰地指责托勒密·奥里特斯丢弃王位,最终让自己沦为贪得无厌的罗马人的玩物。他说:"在罗马如果不行贿你什么也得不到,但就算赔上埃及所有的财富,你也无法满足罗马人的贪欲。"他建议托勒密·奥里特斯返回亚历山大港,利用自己的力量走出困境。

加图的拒绝让托勒密·奥里特斯觉得遭到了羞辱。他和随从商议后觉得现在返回为时已晚。因此,整个队伍重新登船,继续驶向罗马。

到达罗马后,托勒密·奥里特斯发现当时恺撒身处高卢。而格涅乌斯·庞培在结束米特拉达梯的战事凯旋后成了罗马国会掌权之人。但这一变化对托勒密·奥里特斯来说并没有不利影响,因为格涅乌斯·庞培和恺撒都与他关系甚好。曾经,为了和罗马人增进感情,托勒

第四章 埃及艳后之父

密·奥里特斯送给格涅乌斯·庞培一支骑兵，协助格涅乌斯·庞培与米特拉达梯作战。此外，格涅乌斯·庞培还收到了托勒密·奥里特斯交给恺撒的一部分结盟费，他打算在托勒密·奥里特斯复位后再收取剩余的部分。所以，格涅乌斯·庞培很乐意支持这位逃亡的国王。格涅乌斯·庞培在宫中接见了托勒密·奥里特斯，还盛情款待他。然后格涅乌斯·庞培立刻想办法向罗马元老院提请此事，敦促元老们立刻采取有力措施促成托勒密·奥里特斯复位，帮助这位盟友平息叛乱。刚开始，元老院中出现了一些反对的声音，但迫于格涅乌斯·庞培的强硬态度以及托勒密·奥里特斯的各种承诺和贿赂，反对的声音很快就被压下去了。元老院决定帮助托勒密·奥里特斯复位。于是，各方开始部署行动。

　　离埃及最近的两个罗马省是基里基雅和叙利亚，它们分别在地中海的东北岸和东岸。这里的驻军为远征部队提供供给是最方便的。当时，基里基雅在执政官伦图卢斯的统治下。但伦图卢斯因故需回罗马。他把这里的政事和军队事务都交给一个叫奥卢斯·加比尼乌斯的将军管理。就在这时，伦图卢斯和他率领的叙利亚部队接到帮助托勒密·奥里特斯复位的任务。

　　复辟计划还在酝酿时就发生了一件差点儿完全毁了

他们全部计划的事。埃及艳后的父亲在离开埃及之初,让人放出消息说自己已被叛军杀害。这一诡计的目的是掩盖自己逃跑的消息。贝雷奈斯四世手下的人很快发现了真相,而且了解到托勒密·奥里特斯是向罗马方向逃跑的。于是他们立刻推断托勒密·奥里特斯是去投靠罗马人,并向罗马人寻求帮助了。于是,贝雷奈斯四世认为在这种情况下应该让罗马人在做决定前听听他们的说法。因此,他们组织了一支阵容强大的使团出使罗马。这一个团队由一百多人组成。贝雷奈斯四世政府派出高规格的使团,一方面是为了表明他们对罗马人的敬意以及对此事的重视,另一方面也是为了防备托勒密·奥里特斯在途中拦截使团或收买使团成员。使团人数虽多,但事实证明,这对顺利完成任务而言还远远不够。当时,罗马处于混乱、暴力中,国家由胆大妄为、行事鲁莽的军人统治,到处都有犯罪的可能。托勒密·奥里特斯计划在贝雷奈斯四世的使团到达罗马之前,在凶残盟友的帮助下设伏,一举将其消灭。托勒密·奥里特斯的盟友希望托勒密·奥里特斯能成功,因为这样他们就能得到大笔酬金了。途中,使团的一些人被暗杀,一些人被抓进大牢,还有一些人被诱惑、收买。只剩下很少几个人到达罗马,但他们四面楚歌,不敢采取任何行动来完成

奥卢斯·加比尼乌斯是古罗马共和国末期重要的社会活动家和政治家。图为奥卢斯·加比尼乌斯当政时期发行的货币,上面的人物头像为奥卢斯·加比尼乌斯

任务。托勒密·奥里特斯用计谋成功地破坏了女儿的计划，开始沾沾自喜。

然而，事实证明，这种卑劣的背叛得到的结果往往会与作恶的人的预期完全不同。在罗马，真相逐渐浮出水面，并引起了人们普遍关注，人们开始鄙视托勒密·奥里特斯。那些一开始就反对帮助托勒密·奥里特斯复位的人抓住机会再次提出反对意见。托勒密·奥里特斯的罪行激起大众的憎恶，让反对的声音越来越大。格涅乌斯·庞培发现自己已无法再支持托勒密·奥里特斯复位。

最后，反对派发现，也可能是假装发现了一部名为《西比路神谕》的圣书。这部书由祭司们掌管，据说此书的内容是上帝对一些重大事件的预言。其中一段是这样的："如果埃及国王求助，要对他态度友好，但不要为他提供军事援助，否则会招致祸患。"这给支持托勒密·奥里特斯的人带来麻烦。起初，他们试图质疑这条具有鼓动性的神谕的真实性。他们说根本不会有这样的文字，所有内容都是反对派编造出来的。但这一说法似乎不能成立，他们又试图对这段意义明确的文字做出新的解释。最后，他们坚持声称虽然向托勒密·奥里特斯提供军事援助是被禁止的，但并没有禁止向埃及派驻军队。他们会这样做，当叛军被镇压，贝雷奈斯四世被推

第四章 埃及艳后之父

翻之后，他们再邀请托勒密·奥里特斯回来，以和平的方式登基。他们声称这样不算"为他提供军事援助"，当然也不算违抗神谕。

托勒密·奥里特斯的盟友试图圆滑地解释神谕的内容，最后与反对派的争吵愈演愈烈。格涅乌斯·庞培利用他手中的一切权力去帮助托勒密·奥里特斯。但伦图卢斯在经过长时间考虑后，决定明哲保身，不插手此事。于是，这项任务就由在叙利亚带兵的中将奥卢斯·加比尼乌斯接手。在从托勒密·奥里特斯那里得到了承诺，又从格涅乌斯·庞培那里获得了不正当的鼓励之后，奥卢斯·加比尼乌斯决定率兵出征。当然，他是沿着地中海海岸穿过沙漠到达佩鲁斯阿姆的，也就是上文中提过的埃及的一个边境城市。奥卢斯·加比尼乌斯打算到达佩鲁斯阿姆后，继续向前，穿过三角洲的中心地带进入亚历山大港。如果入侵计划成功，在推翻贝雷奈斯四世和阿克劳斯的政权后，奥卢斯·加比尼乌斯就可以让托勒密·奥里特斯复位，重新执掌王权。

在执行这项危险的任务时，奥卢斯·加比尼乌斯依靠了一位杰出将领的帮助，此人是军队副指挥，也就是后来埃及艳后生命中一个不可忽视的人物。他就是马尔

埃及艳后

库斯·安东尼斯·马西费尤斯·马西·尼波斯①。马克·安东尼出生在罗马一个显赫的家庭中。但父亲在他幼年时就去世了,留给他大量家产。长大后,安东尼成了一个狂野、放荡的年轻人。他大肆挥霍,把钱浪费在荒唐、邪恶的事情上。很快,他就负债累累,惹上了难以摆脱的麻烦。债主们整天催他还钱,还采用法律手段逼迫他还他根本无力偿还的债务。由于他的暴虐和邪恶,他在罗马结下了很多仇人,这些人不断追杀他。最终,他只能潜逃至希腊。

奥卢斯·加比尼乌斯在前往叙利亚的途中路过希腊遇见马克·安东尼,便邀请安东尼参军。他希望马克·安东尼能终止无所事事、穷困潦倒的生活状态。马克·安东尼虽然道德败坏、生活潦倒但仍保持着傲慢自大的秉性,他提出除非让他领导一支军队,否则不会接受奥卢斯·加比尼乌斯的邀请。奥卢斯·加比尼乌斯看到马克·安东尼身上有一种他那个阶级的人独有的大胆、鲁莽的个性,而这种个性正是当时一名优秀士兵必备的,于是就答应了他的条件,让他率领一个骑兵团。马克·安东尼在接下来的叙利亚战争中表现突出,他对出征埃及充满了期待。事实上,他对完成这项任务表现出的激情

---

① 以下简称马克·安东尼。——译者注

马克·安东尼

和热忱正是奥卢斯·加比尼乌斯下决心接受托勒密·奥里特斯提议的主要原因。

像大多数人想的那样,这次远征他们主要要克服穿越佩鲁斯阿姆沙漠的困难和危险。事实上,埃及孤立的地理位置正是它最坚实的保护屏障。在极度缺水、荒无人烟的沙漠上根本没有路,就算是和平时期的商队穿越沙漠也会面临极大的困难和危险。军队穿越沙漠,可能会在途中遭遇敌军的伏击。在穿过无人区后,车马劳顿、筋疲力尽,此时会有敌人的精锐部队在此等候,发起攻击。所以这次远征是一件铤而走险的事情。在古代历史上有很多类似的情况,当大批人马试图穿过埃及周边的沙漠,由于途中缺水断粮或沙暴袭击,最终全军覆没。

但这些困难和危险并没有吓退马克·安东尼。战胜困难后得到的荣誉诱惑着他,而正是沙漠中的危险让远征充满了吸引力。因此,他率领骑兵团,在奥卢斯·加比尼乌斯出发前出发,向沙漠挺进。他们计划先让骑兵团占领佩鲁斯阿姆,为主力部队打开进入埃及的路。托勒密·奥里特斯跟安东尼一起动身,奥卢斯·加比尼乌斯紧随其后。

尽管安东尼罪恶昭彰,但他的性格也有闪光点。他热情奔放,有时又沉着冷静、充满智慧。他不时流露出

第四章 埃及艳后之父

直爽、大度的一面，这使他手下士兵十分拥戴他。那个时候，他二十八岁，身材高大魁梧，充满男子气概。他表情生动，看起来十分睿智。他的前额很高，鹰钩鼻，双眼充满了生气与活力。他习惯随意的打扮，总是一副玩世不恭的模样。在与手下的人打交道时他总表现得非常亲密、自然。他会和他们一起进行体育活动，和他们开玩笑，也会和善地接受他们的玩笑，他还会在室外简陋的餐桌旁和他们一起用餐。这些习惯对于一名普通的指挥官而言将会有损威严。但在马克·安东尼身上，这些坦诚、亲密的举动似乎更能突显出他的军事天赋和智慧，从而让他获得更广泛的拥戴。

马克·安东尼带领骑兵团安全、快速地穿越沙漠来到佩鲁斯阿姆城。城里的人没有做任何抵抗，立刻缴械投降，整个守城部队落入马克·安东尼之手，守城士兵沦为战俘。托勒密·奥里特斯下令处死战俘，他说："他们是叛军，理应被处死。"但马克·安东尼也许是由于性格的原因，坚决不同意这样的野蛮行径。因为权力还没有完全掌握在自己手中，托勒密·奥里特斯只好服从，他不得不暂时按住他心中蛰伏已久的复仇冲动。他必须耐心等待，因为彻底击溃女儿及其追随者的日子指日可待。

埃及艳后

当贝雷奈斯四世听说马克·安东尼和托勒密·奥里特斯已到达佩鲁斯阿姆,而这个城市已沦陷,并且奥卢斯·加比尼乌斯正率领大部队以不可阻挡之势逼近时,她立刻陷入了恐慌。贝雷奈斯四世的丈夫阿克劳斯早年间和马克·安东尼有私交。马克·安东尼认为虽然他们俩为了各自国家的利益,肩负着不同的任务,不得不在战场上兵戎相见,但私下仍是朋友。贝雷奈斯四世政府整顿军队,在阿克劳斯的统帅下前去迎战。同时,奥卢斯·加比尼乌斯带领罗马军团的主力部队和马克·安东尼会和,然后他们向埃及首都挺进。为了避开埃及北方海岸的水道和潟湖,他们不得不绕道南行,取远道进入大陆,沿着这条路他们经过了三角洲腹地。期间,双方多次交战,罗马军团战无不胜。埃及士兵们怨声载道、不听指挥。埃及战败的部分原因或许是士兵们认为他们所维护的政府只不过是个篡权的政府而已。最后,一场大决战使一切尘埃落定。阿克劳斯战死沙场,贝雷奈斯四世被投进大牢,贝雷奈斯四世的统治被彻底推翻,罗马军队进入亚历山大港的道路变得畅通无阻。

如果用现在的标准来衡量,马克·安东尼和托勒密·奥里特斯都是堕落、邪恶之人。但两个人邪恶的方式有所不同。比如,从他们战后的不同关注点就能看出两人的差别。在战事进行期间,马克·安东尼和托勒密·奥里特斯都认为敌军中最重要的两个人物就是贝雷奈斯四世和阿克劳斯。马克·安东尼很关心自己朋友的命运,而托勒密·奥里特斯最期待看到自己女儿的下场。战争结束时,如我们所料,托勒密·奥里特斯一心想着能否擒获自己的女儿,而安东尼却在关心自己的朋友是否遇害。

马克·安东尼当政时期发行的货币,
上面的人物头像为马克·安东尼

取得胜利后，他们一个欢欣鼓舞，另一个却沉痛悲伤。战后，马克·安东尼在战场上寻找自己朋友的尸体，找到后竭尽全力将其厚葬。在葬礼上，他真情流露，为老朋友的故去哀伤、悲痛。而托勒密·奥里特斯得知女儿被俘，被喜悦冲昏了头脑。当他在亚历山大港重新掌权后，他做的第一件事就是下令将自己的女儿斩首。

第五章

凯撒独揽大权

精彩看点

埃及艳后——沸腾的亚历山大港——托勒密·奥里特斯复辟——人民默许——马克·安东尼受拥戴——马克·安东尼为人慷慨——逸事——马克·安东尼和埃及艳后——马克·安东尼回到罗马——托勒密·奥里特斯的谋杀——格涅乌斯·庞培和恺撒——托勒密·奥里特斯结束统治——明确继承权——埃及艳后登基——埃及艳后嫁给弟弟——宦官伯狄诺斯——伯狄诺斯的个性和统治手段——伯狄诺斯的阴谋——埃及艳后被流放——埃及艳后的军队——战争即将爆发——恺撒和格涅乌斯·庞培——法尔萨利阿之战——格涅乌斯·庞培在佩鲁斯阿姆——伯狄诺斯的背叛——恺撒追捕格涅乌斯·庞培——恺撒陷入危险处境——恺撒在亚历山大港——震惊的埃及人——向恺撒献上格涅乌斯·庞培首级——格涅乌斯·庞培的指环——恺撒的处境——恺撒的要求——伯狄诺斯的行为——矛盾——伯狄诺斯的对策——恺撒派人到叙利亚搬救兵

上一章提到，埃及艳后的父亲与她姐姐发生激烈的不伦之战时，埃及艳后正在亚历山大港的皇宫里生活。此时她才十五岁。幸运的是，她由于年纪太小没被卷入争斗中。在皇宫里，埃及艳后和两个弟弟静静地看着剧变发生。他们既没有从争斗中获利，也没有受到伤害。奇怪的是，两个男孩都取名托勒密。

当罗马军队为帮助埃及艳后的父亲夺取王位而进入亚历山大港时，全城沸腾了。大部分百姓接受前任国王复辟。事实上，回顾历史我们会发现，在合法的王位继承人被废黜或遭遇驱逐后，无论从前他的暴政多么让人无法容忍，他的恶劣罪行多考验子民的忍耐力，在几年后人们都能接受其复辟。在这次特别事件中，贝雷奈斯四世面对的情况也不例外。由于贝雷奈斯四世的执政手段并不比她父亲高明。因此百姓，尤其是贝雷奈斯四世政府之外的人都做好了迎接托勒密·奥里特斯回首都的准备。而贝雷奈斯四世政府的人很快就被托勒密·奥里特斯处死。

当然，全城人民也因罗马军队的到来兴奋不已。在此之前，在埃及产生影响并掌握权力的外来势力都来自希腊，埃及的地方以及军队官员全是希腊人。罗马人的到来增加了一道风景，整个城市充满了生气。

人们举行各种比赛、表演和宴会庆祝托勒密·奥里特斯复位。在欢庆的活动中，人们除了关注国王，还关注那些受到尊敬的外族将领。正因为有这些人的帮助才能得到托勒密·奥里特斯复位的结果。

当时，马克·安东尼尤其受人尊敬、崇拜，他与众不同的举动、坦率真诚的气质以及简约随意的罗马式着装让他格外显眼。马克·安东尼挽救了被俘的佩鲁斯阿姆守城士兵的生命，还举行盛大葬礼纪念死在战场上的敌人。这些事都让人们觉得马克·安东尼是一个品德高贵、宽宏大量的人。虽然马克·安东尼有缺点，但仍然受到大家的尊敬和拥戴。在世人眼里，马克·安东尼的缺点恰好突显了个人魅力。比如，马克·安东尼做事常常表现出一种盲目的慷慨。有一次，他打算给某个支持过他的人送礼物，便命司库送一笔钱，并亲自指定了数

第五章 恺撒独揽大权

额。而这个数额远远超过在当时那种情况下的实际所需。司库十分谨慎,他希望马克·安东尼减少数额,但又不敢直接提议。于是,司库数好钱后,将钱摆在马克·安东尼路过的地方。他认为马克·安东尼看到钱就会明白这个数额太大。马克·安东尼经过时询问这笔钱是怎么回事,司库说这就是要送人的礼物,并说出受赠者的名字。马克·安东尼很快明白了司库的用意,立刻回答:"哦,就这些?我还以为我说的数额看上去会很体面。那么再将金额加倍。"

总之,在亚历山大港停留期间,马克·安东尼得到了大家的关注和支持。他是否引起过埃及艳后的青睐不得而知。但埃及艳后却引起了马克·安东尼的关注。马克·安东尼喜欢青春貌美、聪明活泼、多才多艺的埃及艳后。然而当时安东尼将近三十岁,而埃及艳后只有十五岁,她可能对马克·安东尼没有深刻印象。不久,马克·安东尼回到罗马,之后很多年两人都没有相见。

为帮助托勒密·奥里特斯巩固王权,两位主帅离开亚历山大港时将军队的大批人马留给托勒密·奥里特斯。由于穿越沙漠成功入侵埃及完成托勒密·奥里特斯复位的任务,马克·安东尼回到罗马后名声大振。托勒密·奥里特斯给马克·安东尼和奥卢斯·加比尼乌斯付了一大笔钱，因此马克·安东尼的财产变得丰厚。据说，作为复辟的酬劳，托勒密·奥里特斯承诺支付两千塔兰特，相当于一千万美元。这笔钱足以说明这场著名战役规模之大。大部分酬金都是托勒密·奥里特斯通过没收贝雷奈斯四世及其同党的财产筹到的。据说，托勒密·奥里特斯处死的人数不断增加，因为他急需这些人的财产来兑现自己的承诺。

经过这次战役，马克·安东尼突然发现自己从声名狼藉、无家可归的逃亡者成了富甲天下、声名显赫的人。现在他成了罗马最有威望的人物之一。就在此时，恺撒和格涅乌斯·庞培之间爆发了战争，马克·安东尼支持恺撒。

恺撒和格涅乌斯·庞培激烈交战之时，托勒密·奥里特斯在马克·安东尼和奥卢斯·加比尼乌斯军队的协助下已成功统治埃及三年。在生命即将终结时，托勒密·奥里特斯发现问题出现了——王位该由谁继承。埃及艳后在托勒密·奥里特斯的子女中排行老大。不论从心智，还是个人魅力来看，埃及艳后都是一位很有前途的公主。她的弟弟们年龄比她小很多。虽然年幼，但儿子继承王位似乎比女儿继承王位更合情合理。但埃及艳后的领导才能以及日益增长的影响力不禁让人怀疑在继

少女时期的埃及艳后

承问题上忽视埃及艳后是否会有风险。这位父亲采用了托勒密家族解决此类难题惯用的办法,他让埃及艳后嫁给年龄最大的弟弟,然后由他们俩共同执掌政权。托勒密·奥里特斯坚持让埃及和罗马结盟,这一点已成为他统治政策的主导原则。因此,托勒密·奥里特斯通过文书的形式郑重地把自己遗嘱执行权和子女的监护权交给罗马元老院。罗马元老院接受嘱托并指派格涅乌斯·庞

登上王位的埃及艳后

第五章 恺撒独揽大权

培执行权力。没过多久,格涅乌斯·庞培就全身心投入与恺撒的内战中,根本无暇顾及被委派的事务。而事实上,格涅乌斯·庞培也没有必要做什么,因为托勒密·奥里特斯离世后,亚历山大港城中各派的表现似乎都表明他们接受了老国王的安排,并且他们还合力将这些安排变为现实。埃及艳后嫁给弟弟时十八岁,弟弟才十岁。当时,两人年幼无法理政,仅仅是傀儡。政务实际由他们父亲手下的两位大臣操持。其中一位是伯狄诺斯,类似于国务大臣;另一位是军队统帅阿喀琉斯。

从这些事可以看出,从名义上看,埃及艳后虽贵为女王,但她从未真正执掌大权。在埃及艳后取得实权之前,还要经过很长一段时间,她必须克服困难,历经磨砺。埃及艳后没急着采取行动,而是静静地服从父亲的安排。

伯狄诺斯是宦官,地位很高。在老托勒密朝中,伯狄诺斯长期处在一人之下万人之上的位置。伯狄诺斯性格傲慢、为人霸道,他的野心很大,总想独揽大权,而且为实现目标不择手段。他已经习惯把埃及艳后当成孩子对待。然而现在埃及艳后成了女王,伯狄诺斯非常不愿看到权力落入她手中。伯狄诺斯发现,埃及艳后在她父亲去世后两三年里性格越来越坚毅,影响力也越来越大。他开始心生忌妒，起了歹意。埃及艳后的美貌、才艺以及举止中散发的无法形容的魅力赋予她一种权威。她的一切都引起人们的兴趣和关注，但这却加重了伯狄诺斯对她的嫉妒，伯狄诺斯视埃及艳后为对手，并想方设法阻挠、压制她。伯狄诺斯是埃及艳后及她丈夫的监护人，也是摄政王，为控制埃及艳后，伯狄诺斯总是摆出一副傲慢、霸道的态度。

埃及艳后性格中有一种气势，也许是志气。她为自己遭受的待遇感到愤愤不平。随着矛盾不断升级，伯狄诺斯竭尽全力拉拢埃及艳后的丈夫——托勒密十三世。托勒密十三世年幼，性格不如埃及艳后果断。伯狄诺斯认为与埃及艳后相比，她的丈夫更容易、更能长久地被控制。伯狄诺斯设计挑起托勒密十三世对妻子的嫉妒，并引导他与自己合谋消解埃及艳后日益增长的影响力。挑拨离间的做法并没有压制住埃及艳后，反而引起了埃及艳后的憎恶。皇宫中的人相互倾轧。伯狄诺斯和托勒密十三世采取行动争夺军权。最终，两派的矛盾变成公开的决裂，埃及艳后被驱逐出境。

埃及艳后去了叙利亚。因为叙利亚是离埃及最近的避难地。此外，多年前她被驱逐的父亲就是在叙利亚得到援助后成功复辟的。当然，她父亲是先去了罗马，经

埃及艳后

过谈判得到的援军从叙利亚派出。埃及艳后希望自己直接去叙利亚就可以得到同样的帮助。

结果也没有让埃及艳后失望,她如愿得到一支军队,埃及艳后沿着马克·安东尼和奥卢斯·加比尼乌斯帮她父亲复位的行军路线向埃及进发。伯狄诺斯任命阿喀琉斯为主帅,并命其整顿军队前去迎战。年幼的托勒密十三世是名义上的君主,而伯狄诺斯则作为君主的监护人和朝中重臣掌握着实权。伯狄诺斯的军队行至佩鲁斯阿姆时和埃及艳后的军队相遇,两支队伍在相距不远的地方安营扎寨,为战争做准备。

但战争并没有爆发。意料之外的重大事件阻止了战争的发生,这些事在这个危急关头爆发,将整个形势扭转到一个新的、从未预见的方向。前面我们提到在埃及艳后的父亲去世后不久,罗马两位大将恺撒和格涅乌斯·庞培之间爆发的战争阻止了格涅乌斯·庞培执行托勒密·奥里特斯的嘱托。双方的对战越来越激烈。战争的硝烟甚至弥漫到埃及,但由于距离太远,并没有引起埃及人的特别关注。两位强大的征服者率领着大军,像两只巨大的猛禽在空中厮打。他们缓慢地移动着,穿过意大利进入希腊,又从希腊途经马其顿进入塞萨利。他们一边行进一边搏斗,所到之处被随意践踏、毁灭。最终,

恺撒（左）与庞培（右）

恺撒和格涅乌斯·庞培在法尔萨利阿展开决战。格涅乌斯·庞培的军队被彻底击溃。格涅乌斯·庞培带着几条船和少量随从逃往海边并驶入地中海，他在悲痛与绝望中不知何去何从。恺撒率领一支两三千士兵的小舰队对其紧追不舍。这种规模的兵力或许对追赶逃亡者足够，但完全不足以应付行程中出现的其他状况。

格涅乌斯·庞培想到托勒密家族，想起自己在罗马为托勒密·奥里特斯所做的努力最终让这位君主重获王权，也正是由于自己的努力，年幼的托勒密十三世才能

法尔萨利阿之战中庞培战败逃亡

第五章　恺撒独揽大权

登上王位。因此，格涅乌斯·庞培来到佩鲁斯阿姆把船队停在海边后，派人上岸请托勒密十三世收留并帮助自己。当时掌握埃及军队实权的伯狄诺斯回复说他们会接待和保护格涅乌斯·庞培，并且会派船去接他上岸。格涅乌斯·庞培对对方这种热情的回应心存疑虑，但最后还是决定搭乘伯狄诺斯派来的船登岸。他刚登陆，埃及人受伯狄诺斯之命就在海滩上刺死了格涅乌斯·庞培并砍下他的头颅。伯狄诺斯和内阁大臣一致认为这样的做法是最安全的。他们认为如果接待了格涅乌斯·庞培，恺撒将与他们为敌。如果不接待，格涅乌斯·庞培会认为自己被冒犯，他们不敢得罪任何一方。而且，如果这两位大将都活着，他们不知道战争会如何结束。"但杀了格涅乌斯·庞培会取悦恺撒，而格涅乌斯·庞培只能永远沉默。"

恺撒不知道格涅乌斯·庞培逃到了埃及的哪个区域，于是直逼亚历山大港。实际上，恺撒这样做是将自己置身险境。因为一旦恺撒和当地的权势发生冲突，他的兵力不足以自保。而且一旦恺撒到达亚历山大港，想离开那里也并不容易。因为当时正是季风持续吹向海岸的季节，这使船队很容易到达亚历山大港，但返航却成为几乎不可能的事。

虽然恺撒一向小心谨慎，但他不会在执行任务和行动时遇到危险就退缩。但这一次，他追捕格涅乌斯·庞培产生的高涨热情使他忘记考虑自己的安危。恺撒到达亚历山大港后发现格涅乌斯·庞培不在这里，便把船只停在港口，让军队下船登陆，而他自己就在城中住下。罗马的一名大将在最东边的海岸被暗杀，另一名大将几乎同时到达西边的亚历山大港，这两件事如同暴雷一样震惊了埃及，立刻吸引了人们的关注。埃及艳后和托勒密十三世在佩鲁斯阿姆的营地里感到兴奋。他们对此事也很好奇。事态呈现出新的、不可预测的状态。

没过多久，大家都将目光投向亚历山大港。伯狄诺斯立刻带着年幼的国王赶往这座城市。阿喀琉斯当时可能是和他们一起赶往亚历山大港的，也有可能紧随其后。伯狄诺斯还带上了格涅乌斯·庞培的首级，这是他们在海边杀掉格涅乌斯·庞培后砍下的，同时他们还带着一枚从格涅乌斯·庞培手上取下的指环。到达亚历山大港后，他们把用布包裹着的首级和指环送给了恺撒。托勒密家族早已习惯这种野蛮无情的暴行，他们觉得恺撒看到自己对手的头颅后一定会欢欣雀跃。但恰恰相反，恺撒很震惊，他表现得十分不悦。恺撒下令举行最庄重、盛大的葬礼埋葬格涅乌斯·庞培的首级。但恺撒接受了

庞培被杀

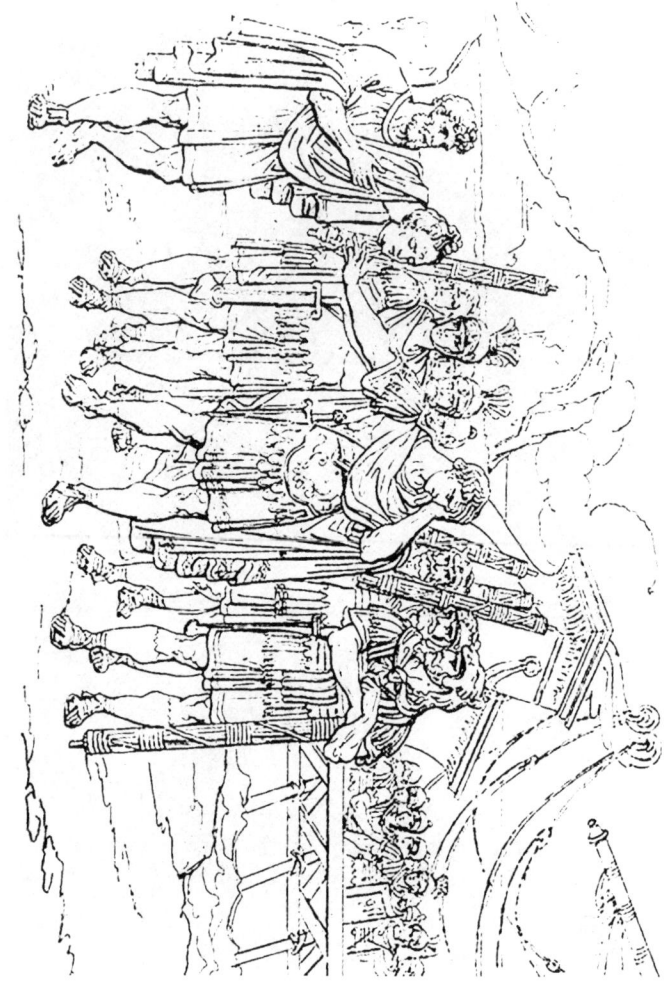

埃及人献上砍掉的首级

第五章 恺撒独揽大权

那枚刻着一头爪握利剑的雄狮的指环。指环上的图案正是对人类特点真实的写照——人类虽然在很多方面宽宏、公正，但总是会因为发动斗争使世界充满恐惧。

托勒密十三世和他的谋士前往亚历山大港时将军队留在了佩鲁斯阿姆。军队在其他长官的指挥下关注着埃及艳后的举动。当时，埃及艳后如果有能力回到亚历山大港，她也很愿意寻求恺撒的帮助。但她离亚历山大港太远了，另外强大的敌军随时准备着阻止她进入亚历山大港。因此她只能待在佩鲁斯阿姆，不知如何是好。

此时，恺撒很快发现自己在亚历山大港处境尴尬。多年来，他都保持着独断专行的处事风格。现在，他最大的敌人格涅乌斯·庞培已不在人世，他自认为自己是世界的主宰。然而在亚历山大港他没办法继续保持心高气傲的行事风格。但即使在这种情况下，恺撒也丝毫不想减少傲气。恺撒表现得像这个国家的国王一样，心安理得地入住皇宫。出行时，他后面跟着护卫队。像在罗马时一样，他一副威风凛凛的样子。托勒密·奥里特斯曾向恺撒承诺在与罗马的成功结盟后会给恺撒六千塔兰特，现在恺撒要求伯狄诺斯支付剩余部分。另外恺撒还说根据托勒密·奥里特斯的遗嘱，罗马人是遗嘱执行者。现在他身为执行官和罗马代表来承担托管之事，解决托勒密十三世和埃及艳后的纠纷。然后恺撒让托勒密十三世向他呈交一份声明解释驱逐埃及艳后独揽王权的原因。

虽然伯狄诺斯的权力不如恺撒大,威望也不如恺撒高,但他一点也不愿承认恺撒是最高权威。伯狄诺斯一直都顽固地反对着恺撒。然而,伯狄诺斯采取的手段正好反映了他软弱、卑鄙的性格。伯狄诺斯在大街上鼓动亚历山大港的百姓与罗马士兵发生冲突,他认为此时恺撒的兵力和停在港口的船只数量不足,所以伯狄诺斯虽然不敢公开攻击,但可以毫无顾忌地挑衅、骚扰罗马人。他假装对罗马人友善,或者说至少不与其为敌,但在罗马人面前他又摆出一副傲慢无礼的姿态。伯狄诺斯同意为罗马士兵安排伙食,但却给他们送去质量最差的腐食。当罗马士兵提出抗议,他便说靠别人吃饭的人没有资格抱怨食物。伯狄诺斯让人在宫中换上木制和陶制的器皿,并解释说是为了支付恺撒勒索敲诈的巨款只好卖掉宫中的金银器皿。伯狄诺斯在城里上蹿下跳忙着挑起人们的情绪,他希望人们反对恺撒听取并解决托勒密十三世和埃及艳后之间的矛盾的提议。他说托勒密十三世是君主,不应顺从任何外来势力。伯狄诺斯没有光明正大地反对的勇气和能力,也没有行之有效的对抗策略,只

身着战袍的恺撒

能利用自己的权力制造麻烦，没完没了地挑起事端，进行具有煽动性却毫无用处的琐碎的纠缠和骚扰。恺撒的要求可能不太公正，但他在提出要求时表现得坦诚、明确、有气概。而伯狄诺斯抵制不公的要求可能是正当的，但他的方式卑鄙、下作。所以在人们旁观这场明争暗斗时，情感上总是偏向恺撒。恺撒发现自己的处境变得危险——被困在这个强大的城市中，自己的兵力又很有限，守卫士兵和民众对自己的敌意也越来越大。恺撒不会在这种情况下退缩，即使他有机会这么做，他也不会这么做。一方面，他仍然保持着当初那种泰然自若的自信和高高在上的作风；另一方面，他派遣信使进入叙利亚，即离他最近的罗马的地盘。他命驻守叙利亚的军团以最快的速度动身进军亚历山大港。

第六章

埃及艳后与恺撒

精彩看点

埃及艳后的迷茫——埃及艳后打算前往亚历山大港——埃及艳后向恺撒传信——恺撒的回复——阿婆罗多洛斯的计谋——埃及艳后和恺撒——恺撒喜爱埃及艳后——埃及艳后的敌人——埃及艳后把事业委托给恺撒——恺撒的吹嘘——恺撒派人请托勒密十三世——托勒密十三世的怒火——托勒密十三世对恺撒不满——城中大骚动——百姓躁动——恺撒的力量——托勒密十三世成阶下囚——与会者满意——庆祝和喜悦——伯狄诺斯和阿喀琉斯——伯狄诺斯和阿喀琉斯的计划——阿喀琉斯逃跑——埃及军队行军——恺撒的措施——信使被杀——阿喀琉斯的用意——残忍的暗杀——阿喀琉斯率军前行——恺撒的防御部署——埃及艳后和托勒密十三世——伯狄诺斯的奸诈——伯狄诺斯的阴谋被拆穿——伯狄诺斯被斩——阿尔西诺伊四世和加伊莫德——军队拥立阿尔西诺伊四世为女王——年轻的托勒密十三世的困惑

如上一章提到的那样,事情发生在亚历山大港时,军营中的埃及艳后焦急不安,她不确定自己要怎么办才能得到最好的结果。埃及艳后非常想回到亚历山大港,因为她很清楚恺撒有控制埃及事态发展的至高权力。当然,埃及艳后急切地想向恺撒讲述自己的经历。她知道托勒密十三世和伯狄诺斯在与恺撒交流,他们正竭尽所能争取恺撒的支持。然而,此时自己身处异地,心声无人倾听,冤屈无处伸张,甚至早已被人遗忘。在这种情况下,埃及艳后急切地想回到亚历山大港。

　　但最让人犯难的是如何达到目的。埃及艳后不能率领部队直接向亚历山大港进发,因为托勒密十三世的部队严密地包围了佩鲁斯阿姆,完全切断了通往亚历山大港的道路。埃及艳后也不能带随从孤身前往,因为伯狄诺斯下令全国各地,包括城镇、村庄都要有军官和士兵严密把守，因此埃及艳后一定会被拦截。埃及艳后没有船只，所以无法由海路前往亚历山大港。而且就算千方百计到达亚历山大港城门下，她也无法安全穿过街道抵达恺撒下榻的官邸。整座城市，除了恺撒的住处，都在伯狄诺斯政府的监管之下。埃及艳后要达到目的必须面对重重困难。

但埃及艳后还是决心一搏。她派人送信给恺撒，请求恺撒接见，她想争取恺撒的支持。恺撒回信让埃及艳后想办法回亚历山大港。于是，埃及艳后带着随从乘小船沿海岸到达亚历山大港。在这次危险的行程中，埃及艳后的仆人都竭尽全力帮助她，其中一个叫阿婆罗多洛斯的仆人功不可没。她的队伍到达亚历山大港后，趁着夜色来到城墙下。阿婆罗多洛斯在城墙下把女王裹在毯子里，用布包裹起来，再用皮鞭系住，把埃及艳后装扮成一捆普通货物。然后他把包裹卷扛在肩上进了城。埃及艳后那时大约二十一岁，身形苗条，所以包裹不重。阿婆罗多洛斯来到恺撒官邸门前，门卫问他抬的是什么，他回答是送给恺撒的礼物。就这样，阿婆罗多洛斯装成挑夫的样子顺利通过大门，安全地把包裹送了进去。

当包裹打开后，埃及艳后出现。恺撒完全被眼前的景象迷倒了。事实上，在那种情况下，埃及艳后各种复

埃及艳后以独特的方式见到恺撒

杂的情绪使她原本美丽、生动的脸庞以及自然迷人的举止更加动人。埃及艳后因冒险经历感到异常兴奋，也为自己死里逃生感到喜悦。一方面，她对通过奇怪方式见到的这位大人物充满了强烈好奇和兴趣；另一方面，这种兴趣和好奇又被羞涩的神态掩盖。在这种陌生环境中，女人意识到异性用热切的目光打量自己时，羞怯是天性使然。

埃及艳后与恺撒的对谈使恺撒对埃及艳后的印象更加深刻。埃及艳后聪明活泼，她的观点新颖，而且表达贴切。这些与美貌无关的特点使埃及艳后成了令人愉快的伙伴。她彻底赢得了这位伟大的征服者的心。对埃及艳后深深的依恋使恺撒在处理姐弟俩王权问题时在情感上有所倾向。实际上，在埃及艳后被驱逐出亚历山大城港时，埃及艳后的弟弟，也就是她的丈夫，当时只有十岁或十二岁，他们的婚姻有名无实。恺撒那时大概五十二岁。他有一个结婚快十年的妻子，叫卡布妮亚·皮索尼斯。卡布妮亚·皮索尼斯当时在罗马过着简朴、安静的生活。她性格随和、温柔，全心全意依赖丈夫，对丈夫很有耐心，时常包容他的错误。卡布妮亚·皮索尼斯一想到丈夫那强烈、不受羁绊的野心经常会使他陷入困境，她就焦虑不安。

第六章 埃及艳后与凯撒

恺撒的妻子卡布妮亚·皮索尼斯

　　恺撒立刻对埃及艳后的事产生了极大兴趣,对她个人投入了最柔情的关注。而埃及艳后不可能不回应恺撒的好感。事实上,恺撒就好像忠心的朋友支持着她的事业,保护她,想方设法让她快乐。这对埃及艳后来说是一种新的体验。埃及艳后被迫下嫁弟弟。无论从年龄上还是理解力上看,弟弟都比不上她,现在弟弟已与她不共戴天。当然,从剥夺埃及艳后的继承权并把她驱逐出境这件事上看,弟弟只不过是被阴险狡诈之人利用的工具。但这并不能改变埃及艳后对弟弟的看法，而且她更加憎恶、鄙视自己的弟弟了。在亚历山大港法庭上，朝中官员都将矛头指向埃及艳后，他们希望她离开，因为她弟弟比较容易被控制。埃及艳后总是被一群自私自利、唯利是图，并与她势不两立的敌人包围着。现在，她好像第一次有了朋友——一个支持、维护她的护花使者。这个男人有迷人的个性和风度，有高贵而大度的灵魂，而且位高权重。他爱她，她也情不自禁地用爱回应。埃及艳后把自己的事业完全交到恺撒手上，把自己的希望完全寄托在其身上，她让自己完全受制于恺撒。

在复位问题上，埃及艳后寄希望于恺撒完全是值得的。此时，恺撒从叙利亚调遣的援军还没到达，他在亚历山大港处境危险，仍存在防御不足的风险。恺撒看重自己的地位，但他丝毫没有因此减少信心和傲气，立刻着手帮助埃及艳后复位。虽然当时恺撒完全无法行使他在埃及的最高权力，但当他偶然登陆埃及发现这里因继位问题产生纠纷时，就理所当然地认为自己有权调停此纠纷，这正表明了当时罗马在人们心目中处于至高无上的地位，也集中体现了恺撒的天资和性格特征。

埃及艳后到达亚历山大港后不久，恺撒就请来了年轻的托勒密十三世，并力劝托勒密十三世让位给埃及艳

20世纪初制作的埃及艳后雕像

后。恺撒告诉托勒密十三世这样做是对的,这也是权宜之计。托勒密十三世现在已经到了有独立看法的年龄。他宣称自己完全不同意这样的安排。在对话过程中,托勒密十三世了解到埃及艳后已经到达亚历山大港而且就藏在恺撒住处。托勒密十三世深受刺激,愤怒不已,怒气冲冲地离开恺撒住处。托勒密十三世在大街上将自己戴惯了的王冠从头上扯下来扔在地上,狠狠踩了几脚。他以最激烈的方式表达自己不满和委屈,向人们宣布自己被背叛了。他主要是抱怨埃及艳后为了王位向恺撒屈服,做出可耻勾当,其目的是激起百姓对恺撒和罗马人的仇恨。托勒密十三世的性格和托勒密家族的其他成员相似,他的妒火和怒气并非出于友善,不是出于对姐姐名声以及自己荣誉的考虑。其真实原因可能是他产生了恐惧,他怕埃及艳后通过卓越的护花使者获得强大的影响力,从而夺取王权。

但最终在伯狄诺斯和阿喀琉斯的共同推动下,托勒密十三世的强烈抗议升级为一场席卷城市的暴力骚乱。他们抗议埃及艳后和恺撒联手。受到煽动的百姓开始集会,大家同仇敌忾。了解真相、知道托勒密十三世的愤怒原因的人,开始采取行动。另一些不明所以只知道突然爆发的骚乱是为了攻击罗马人的百姓也采取行动。在

第六章 埃及艳后与凯撒

这种情况下，不论知情与否，大家都准备好加入反对外来入侵者的暴力行列中。还有一些人，或许是一大部分人，什么都不清楚，只听说王宫外发生了暴动就急着去凑热闹。

在亚历山大港，托勒密十三世和朝中官员没有充足兵力。自从恺撒到达后，在很短的时间内接二连三发生了很多事，而托勒密十三世的主力部队仍在佩鲁斯阿姆。现在，抵抗恺撒的兵力主要是由年轻国王手下的几个卫兵带领的一群百姓组成的。

恺撒的一小部分兵力驻守在被围攻的宫殿周围，其他士兵分布在城市的各个地方。但恺撒似乎一点儿也不惊慌，他没有躲藏起来保护自己。恺撒把士兵派遣出去，下令捉拿托勒密十三世，并要求士兵把他带回来。恺撒的士兵和罗马精兵一样训练有素、纪律严明、装备精良，个个士气高昂。恺撒手下的军队似乎总是被一种热情鼓舞。此时无论暴民数量有多大，情绪多愤怒，恺撒的军队都完全可以对付。恺撒的士兵突出重围，成功地把托勒密十三世抓了回来。

起先，百姓对恺撒放肆大胆的行为感到震惊，继而被这种无礼的举动激怒，他们认为这是对自己君主的冒犯。如果不是恺撒想到及时平息骚动的计策，这场骚动会愈演愈烈。此时，恺撒的目的已达成——既控制了托勒密十三世，又控制了埃及艳后。一天，恺撒登上塔楼或宫殿的某个较高的地方。他身处高处，避免底下暴民向自己投掷武器。然后，他示意大家安静，向人们表达自己发表演说的愿望。

全场安静后，恺撒做了一场优秀的演说，最终平息了暴动。恺撒说自己并没有越权来裁决托勒密十三世和埃及艳后之间的纠纷。恺撒说自己不是埃及的统治者，而是作为罗马的代表在庄严地履行托勒密十三世和埃及艳后的父亲托勒密·奥里特斯托付的职责。在这件事上自己并没有越权，他唯一的目的就是以一种对当事双方都认为公平、公正的方式解决问题，阻止内战发生。否则，一旦内战发生，一定会给埃及带来可怕的灾难。恺撒劝说大家散去，不要扰乱国家秩序。他承诺会立刻采取措施解决埃及艳后和托勒密十三世之间的问题，而且他相信自己一定会给大家一个满意的结果。

面对骚乱的百姓，恺撒慷慨陈词，演说气势如虹，极具说服力。恺撒的演说像从前一样取得了很好的效果。一些人被说服，一些人保持沉默。还有一些仇恨、怒气未消的人发现大家纷纷和解便偃旗息鼓。暴乱的百姓被驱散，恺撒继续监护着托勒密十三世和埃及艳后。

第六章 埃及艳后与凯撒

翌日，恺撒按承诺着手解决问题，他召集了亚历山大港的头面人物和朝中官员，让这些人聚在一起，然后把托勒密十三世和埃及艳后也都请来。托勒密·奥里特斯的遗嘱被精心保存在亚历山大港的档案馆中。这份遗嘱的权威副本已被送到罗马。恺撒让人把遗嘱原件取来向大家宣读。遗嘱的内容完整、表述清晰，遗嘱要求埃及艳后和托勒密十三世结婚，然后由两人作为国王和王后共同执掌王权。遗嘱承认罗马是埃及的同盟国，并且委托罗马政府为遗嘱的执行者和国王、王后的监护者。这份文件表述得如此清晰明了，似乎只需要宣读一遍就能找到解决问题的办法。因此，恺撒宣布审判结果：埃及艳后有权和托勒密十三世分享最高权力；作为罗马代表和遗嘱执行者，恺撒有责任保护国王和王后的权力。大家对审判结果没有提出异议。

皇室中，除了埃及艳后和托勒密十三世外，托勒密·奥里特斯还有两个孩子。一个是女孩阿尔西诺伊；另一个是男孩，也叫托勒密。两个孩子年纪还小。恺撒认为如果为他们的将来做些打算，或许能够让亚历山大港的百姓更满意，他们才更容易接受审判结果。于是，恺撒宣布把塞浦路斯分给两个孩子作领地。这实际上是他赠给埃及人的礼物，因为当时塞浦路斯是罗马的领土。

除了伯狄诺斯，与会者似乎都对审判结果感到满意。伯狄诺斯一直和埃及艳后势不两立。他很清楚埃及艳后复位就意味着自己倒台、毁灭。伯狄诺斯闷闷不乐地离开人群，他不服审判结果，打算立刻采取有力措施阻止审判结果实现。

恺撒安排了各种庆典庆祝国王和王后重修旧好，庆祝战争结束。他认为庆祝活动有助于消除埃及百姓心中还未完全消除的敌意，同时恢复城中秩序并与埃及人建立友好的关系。这些做法都会扩大自己的影响力。

人们赞同这些措施，并且积极配合恺撒，使措施生效。但伯狄诺斯和阿喀琉斯虽然表面上压制住了不满情绪，但私底下仍努力进行秘密筹划，他们计划削弱恺撒的影响力，再次立托勒密十三世为唯一君主。

伯狄诺斯向所有他能引诱的人说恺撒真正用意是罢黜托勒密十三世，让埃及艳后独自掌权。伯狄诺斯鼓动大家和自己一起反对恺撒的审判结果，他说这个结果只会让埃及落入一个女人的手中。他还制定了一个和阿喀琉斯有关的计划，那就是让军队从佩鲁斯阿姆返回。如果三万兵力能顺利回到亚历山大港，继续受伯狄诺斯的指挥，那么到时恺撒及其三千士兵就只能任由他摆布了。

但如果命令部队撤回，伯狄诺斯就必须考虑到一件

第六章 埃及艳后与凯撒

事——托勒密十三世还在恺撒的控制之下。恺撒可能会与官员交流，掌握伯狄诺斯的行动，从而阻挠行动展开。为防止风险，伯狄诺斯和阿喀琉斯商议，由阿喀琉斯逃离亚历山大港奔赴佩鲁斯阿姆恢复军队指挥并率领军队返回首都。他们还约定在行动过程中及以后，除了伯狄诺斯亲自发布命令，阿喀琉斯不得服从其他任何人的命令。

虽然城门和通向城市的各条大路都有哨兵，但阿喀琉斯还是成功地逃跑了，最后与军队会和。阿喀琉斯率领军队向首都行进。伯狄诺斯则在城里打探情报。伯狄诺斯假装同意恺撒的审判结果，表面上与其搞好关系，实际上却在暗中筹划。伯狄诺斯利用职务之便搜集情报，以便阿喀琉斯带领军队返回后能够接应。

一切都秘密地进行着。阴谋家异常狡猾，在制定和实施阴谋时很隐秘，导致恺撒对敌人的行动毫不知情。直到有一天恺撒突然听说托勒密十三世的军队正向亚历山大港行进，这支军队至少有两千精兵。然而，此时，恺撒从叙利亚调遣的军队还没抵达，恺撒别无选择，只能用他仅有的一小股兵力保卫都城，保护自己。

恺撒决定先试着以托勒密十三世的名义发布命令，阻止军队向亚历山大港靠近。恺撒手下的两位官员被派去和阿喀琉斯沟通。这两位官员分别是迪阿格利斯和谢拉皮翁。

当两位官员带着托勒密十三世的命令出现在营地时，阿喀琉斯认为在听旨前杀掉他们是比较安全的做法，这样他就不会因接令后违抗命令背负抗旨不遵的罪名。这种做法明显地反映了王权在古人心中的尊贵，国王的权威程度高到了让人难以置信的地步。阿喀琉斯很清楚如果能成功地抵达亚历山大港，攻占这座城，驱逐恺撒和埃及艳后，帮托勒密十三世重新独占王位，那么国王一定会欣喜若狂，从而忽视他为达到这一目的做的不守规矩的事。当然阿喀琉斯这样做算不上违抗旨意。阿喀琉斯知道不论信使带来什么命令，都绝对不是出于托勒密十三世本意，而是受到恺撒的控制。但命令又是以托勒密十三世的名义发出的。古代军事独裁者麾下的官员都有一种普遍经验，那就是与其承担抗旨的罪名，还不如索性先杀掉信使避免接旨行为发生，这样反而更安全。

因此，阿喀琉斯授意手下士兵抓了这两名官员并杀了他们。士兵把两人带走用刺刀刺死他们，然后把尸体抬走。但事实上这些士兵并没有彻底完成任务。或许他们对冷血的暗杀并没有兴趣，或许是动了恻隐之心让他们不忍下手。不管怎样，这两个人都伤得很重，但只有

第六章 埃及艳后与凯撒

其中一个人死了,另一个人活了下来并康复了。

阿喀琉斯继续向都城方向前进。恺撒发现危险正步步逼近自己,于是亲自坐镇指挥,根据具体情势尽可能做出最妥善的部署保护自己。恺撒的军队与来势汹汹的敌军相比规模太小,并不足以保卫整座城市。因此恺撒让军队驻守在皇宫、城堡以及城里其他易于防守的地方。恺撒在所有通向城中要塞的大街小巷上都设了路障,还在城门处建造了防御工事。他已经竭尽所能使并不完备

绘于 19 世纪末的恺撒画像

的防御系统发挥出了最佳效果，此时他也没有忘记努力地从外界寻求援助。恺撒派船只到叙利亚、塞浦路斯、罗德斯岛以及其他一些从亚历山大港容易到达且有可能有罗马军队驻扎的地方，催促那里的当权者以最快的速度派遣援兵。

在此期间，埃及艳后和托勒密十三世都待在恺撒的宫殿中，两人表面上都对恺撒的防御措施持合作态度。当然埃及艳后合作的意愿是真诚、急切的，但托勒密十三世对恺撒和埃及艳后的事业就不是那么支持了。虽然，托勒密十三世身不由己，不得不站在恺撒这边，但他心底极希望阿喀琉斯能成功，希望恺撒的计划失败。伯狄诺斯表现得更积极，实际上他极力掩饰着自己对恺撒的敌意。伯狄诺斯和阿喀琉斯秘密沟通着，不时向阿喀琉斯传递情报，告诉他城内发生的事和恺撒守城抗敌的安排，另外，伯狄诺斯还指导阿喀琉斯下一步的行动计划。行动时，伯狄诺斯非常谨慎、聪明，一直假装支持恺撒。他佯装非常热情地帮助恺撒加固可能被攻击的要塞，完成各项防御部署任务。

尽管伯狄诺斯老奸巨猾，但狐狸也有露尾巴的时候，就在最后决战即将到来之际，伯狄诺斯的阴谋突然败露了。一个恺撒宫中的理发师，由于种种原因开始怀疑伯

第六章 埃及艳后与凯撒

狄诺斯。由于整天闲来无事，理发师便监视着这个宦官的一举一动并向恺撒禀报。恺撒授意他继续观察，他照做了。最终理发师的怀疑得到了证实。证明伯狄诺斯罪名的决定性证据是伯狄诺斯写给阿喀琉斯的一封信。这封信被人拦截并交给了恺撒，于是恺撒下令将伯狄诺斯处死。

当然，此事在宫中掀起了轩然大波。伯狄诺斯多年来名义上是国家的执政大臣，实际上掌握着最高权力。恺撒处决伯狄诺斯让很多人惊慌，因为他们虽然一直在为恺撒效力，但私底下还是希望阿喀琉斯能获胜。很多人都恐惧不安。有一位叫加伊莫德的人，他是负责监管埃及艳后的妹妹阿尔西诺伊四世的官员。恺撒提出的让阿尔西诺伊四世和她弟弟托勒密十四世共同掌管塞浦路斯的计划一直没有生效。因为就在恺撒的审判结果宣布后不久就得到了阿喀琉斯的军队正在逼近的消息，恺撒所有注意力都集中到为即将到来的激战的准备工作上，无暇顾及其他事情。此时阿尔西诺伊四世和她的监管人加伊莫德生活在宫里。加伊莫德参与了伯狄诺斯的阴谋，伯狄诺斯被斩首后，加伊莫德觉得最安全的出路是逃跑。

因此，加伊莫德决定带着阿尔西诺伊四世逃跑。这是非常危险的做法，但最终他成功了。阿尔西诺伊四世非常愿意离开，因为她现在已慢慢长大，骨子里那种贪得无厌、不计后果的野心开始蠢蠢欲动。这种野心似乎是整个托勒密家族每个子女性格中的必备特征。当时，在皇宫里，阿尔西诺伊四世无足轻重、无权无势，但一旦她能领导军队，那么她就成了女王。

刚开始，一切如她所愿。阿喀琉斯和他的军队热情地接纳了她。在加伊莫德的努力下，阿喀琉斯决定把王权转交给阿尔西诺伊四世，因为此时皇室其他成员都被一个突然占领都城的外来者囚禁着，无法行使王权，阿尔西诺伊四世在这种情况下称王了。

现在，双方都处于战备状态，埃及艳后和阿尔西诺伊四世之间的王位之争必经历一场你死我活的恶战。埃及艳后有恺撒作帮助，军队由恺撒统帅。阿尔西诺伊四世则有阿喀琉斯和加伊莫德两员大将辅佐。仍被恺撒囚禁的托勒密十三世对斗争的复杂形势感到困惑，他不清楚自己希望谁赢。他无法预测哪一方获胜，也不知道谁取胜对自己来说是最好的结果。

第七章

亚历山大之战

精彩看点

亚历山大之战——恺撒的力量——埃及军队——逃亡的奴隶——恺撒的危险处境——埃及艳后的影响——军事工程——防波堤——亚历山大港的景观——占领防波堤——埃及舰队——恺撒烧毁船舶——被占领的要塞——亚历山大港的大火——阿喀琉斯被斩——加伊莫德的计划——加伊莫德的有力措施——加伊莫德的信使——加伊莫德切断恺撒的水源——士兵恐慌——恺撒命人挖井——运输船到达——运输船陷入困境——海岸地势低洼——作战——恺撒胜利——加伊莫德武装舰队——海战——恺撒陷入危境——再次胜利——埃及人士气低落——密使——托勒密十三世的伪装——米特拉达梯的到来——托勒密十三世失败——恐慌和混乱——托勒密十三世之死——普遍反对恺撒——埃及艳后之子恺撒里昂——公众对埃及艳后的评价——恺撒离开罗马——恺撒带走阿尔西诺伊四世

上一章提到一系列阴谋诡计。之后爆发的战争就是历史上著名的亚历山大之战，战争以恺撒和埃及艳后的胜利告终。这场战争中发生的事是本章的主要内容。

就兵力而言，阿喀琉斯在战争之初比恺撒有优势。恺撒只有当时在地中海追捕格涅乌斯·庞培时仓促带上船的一小部分来自罗得岛的兵力，大约三四千人。当恺撒率领着规模有限的舰队在欧洲海岸迎风起航时，他可能没料到自己会在埃及登陆，更没想到会卷入一系列重大军事事件中。然而，阿喀琉斯手下有两万有生力量。阿喀琉斯的队伍构成复杂，但都是有经验的老兵，他们适应埃及的气候，熟悉各种适合这个国家特点的作战模式。阿喀琉斯手下一部分士兵是当年马克·安东尼从叙利亚带来的，他们帮助埃及艳后的父亲——托勒密·奥里特斯复位之后被马克·安东尼留在埃及为托勒密家族效力。还有一部分士兵是当地的埃及人。另外，阿喀琉斯的部队中还有很大一部分士兵是逃亡的奴隶，他们在不同的时间从地中海沿岸的不同地方逃到埃及，被分批次编入到埃及军队，这些逃亡者的共同特点是性格刚毅、做事孤注一掷。

阿喀琉斯还有两千匹战马。规模强大的骑兵团让他取得了城墙外广阔战场上的胜利。当他的部队接近亚历山大港城门后，便从各个方向包围了这座城市，把恺撒牢牢地困在城中。

恺撒的处境极其危险，但他已习惯了绝处逢生，所以他和他的部队似乎都不为战争结果担心。从恺撒个人来看，眼下的困难和危险反而让他产生了一种特别的骄傲和喜悦，因为埃及艳后目睹了他所做的一切后，对他的能力和胆识充满敬仰，并用爱回报他为她的事业做出的努力和牺牲。埃及艳后把一切托付给恺撒，热切地关注着战争的进展。她对战争结果充满希望，感到欢欣鼓舞，为甘愿保护自己的勇士骄傲、自豪。埃及艳后对恺撒充满了崇拜、爱意和感恩之情。

埃及艳后这些强烈情感极大增加了她的个人魅力，她性格中强硬的力量变得温和、有节制。她的嗓音本就有一种难以形容的魅力，现在在爱情的滋润下变得越来越甜美。她的面容闪烁着灵动、美丽的光彩，她注视恺撒时那充满敬意的眼神恰到好处地中和了性格中的愉悦和活力，让她成为一位令人着迷的伴侣。然而，这种愉悦与活力在她后半生变得鲁莽、古怪。此时，恺撒被她无意识中流露出的魅力迷得神魂颠倒。

在其他情况下，如果一名军事指挥者在战时对某个人产生如此强烈的迷恋一定会干扰他执行任务。但恺撒所做的一切都是为了埃及艳后，他为了她的利益而战，因此这种迷恋之情激励着他，使他在执行任务的过程中充满干劲。

正如恺撒的筹划策略，他的首要任务是集中加固城中阵地，这样就能保证在援救到达之前抵抗住阿喀琉斯，保护自己。为了达到目的，恺撒把军队从城市各处撤到通往法罗斯的一座栈桥码头附近的堡垒处，并在此安营扎寨。这个地方有巨大的军械库和粮仓。恺撒把从城市中找到的所有武器、军需品，公共以及私人仓库中的粮食及其他供给品都储存在自己的防线之内。然后用强大的防御工事封锁整个区域。恺撒命人在通往防线的道路上设置了石墙路障，并将周围可能为敌人提供掩护的房屋全部拆除，拆下的材料被拿去筑墙或加固路障。防线内还有用来投掷大石块、木棒及其他重物的巨型军械，石墙和城堡的围墙上都设有开口以方便使用这些军械。

通往法罗斯岛码头和防波堤尽头处有一座坚固的堡垒，如果没有恺撒的防线，这里仍属于埃及领地。因此，埃及人控制着防波堤的入口。法罗斯岛本身属于埃及，埃及人似乎打算为阿喀琉斯守住这里。码头的另一端也设有堡垒。这个岛距海岸有一英里左右，因此防波堤很长。小岛上除了用于防御的堡垒和城堡，岛边还有一个特别小的城镇。这个堡垒不但有强大的守军把守，而且这里的居民也难以对付。这里的居民是渔民、水手、打捞者等等，都是一些喜欢铤而走险的人，这些人通常都聚集在岛上的城镇里。埃及艳后和恺撒从城中宫殿窗户中俯瞰小岛，岛中心高高矗立着灯塔，底部有堡垒，又细又长的管道连通了小岛和大陆。他们认为此处相当重要，因为这里是海港入口，居险要之处。

海港位于防波堤南部，刚好与阿喀琉斯进军的方向相对，港湾里停泊着大量埃及船只，一些已被毁坏，还有一些则配备了人员和武器。这些船只还没有落入阿喀琉斯之手，但一旦阿喀琉斯进入恺撒已撤离的地区，一定会将这些船只归为己有。恺撒必须先采取行动阻止这样的情况发生，因为如果阿喀琉斯得到舰队继续控制法罗斯岛，那他就可以轻易地控制通向亚历山大港的各条海上通道。这样一来,阿喀琉斯不仅能在这里获得增援、供给,还能有效地切断罗马军队获取给养的通道。正如恺撒所想的,避免这种情况发生极其必要。于是恺撒派出一队士兵焚烧海港中的所有船只,并夺下法罗斯岛上港口入口处的堡垒。这个任务完成得非常漂亮,军队焚烧了船只,占据了堡垒,赶走了埃及士兵,在堡垒处顺利安置上罗马守军后安全回到恺撒的防线之内。埃及艳后从宫殿的窗户中目睹了全过程,对这位罗马保护者的能力和勇气充满了由衷的敬意。

这次焚烧埃及船只的行动,不论对埃及艳后和恺撒多么有利,都无法掩盖此举给整个文明世界带来的令人痛心疾首的灾难性的损失。一些燃烧着的船只被风吹到岸边点燃了水域附近的建筑。火苗蔓延,引起大范围的火灾。在这个过程中,亚历山大图书馆的一大部分都被焚毁。这座伟大的图书馆曾是唯一一座全面收藏古代作品的地方,这场火灾让它遭受了无法弥补的损失。

埃及舰队被焚毁一事直接导致了阿喀琉斯下台。自从阿尔西诺伊四世到达军营,阿喀琉斯和与阿尔西诺伊四世一起出逃的宦官加伊莫德就开始了无尽的斗争,他们互相猜忌。军中形成两大阵营,一方力挺阿喀琉斯,另一方支持加伊莫德。阿尔西诺伊四世站在加伊莫德这

埃及艳后

边,所以她在舰队被毁后指责阿喀琉斯失职、无能,认为是他导致了战败。阿喀琉斯被判刑,最后被斩首。从那时起,加伊莫德以国务大臣和军队最高指挥官的身份掌握着阿尔西诺伊四世政府的实权。

此时,埃及军队进入恺撒撤军的地区,军队引起了恐慌和混乱。这些情绪是伴随城市的军事管理权突然且剧烈地转移产生的。加伊莫德在恺撒的堡垒和战壕围墙周围部署了兵力,将恺撒紧紧包围。加伊莫德还切断了陆上所有通往恺撒防区的道路,为进攻做准备。加伊莫德制造用以推倒围墙的机器,并在城市各个地方开铁器店制造飞镖、长矛、长枪等各种军事器械。他还建了一座装有巨大轮子的塔形设备,打算在进攻准备就绪后让武装好的士兵进去,然后将其推到堡垒、宫殿的外墙,使这些士兵在进攻时具备高度上的优势。加伊莫德让富人捐赠战争资金,通过临时征用工匠、劳动者和所有能扛起武器的男人补充兵力,并派信使到全国各地召集人们参军,号召大家捐钱、捐物。

信使的任务是劝服百姓,他们说罗马人的统治势力已延伸到了世界上的所有地区。除非恺撒和他的部队立刻被赶出亚历山大港,否则危险即将降临,国家将永远失去独立地位。他们还说,当初马克·安东尼以帮助托

亚历山大图书馆及在图书馆的学者

勒密·奥里特斯为由，率领罗马军队踏入埃及。现在，另一个统帅带着另一支部队又以其他理由来干涉埃及内政。这些罗马人一次次入侵的目的就是要让埃及完全屈服于外来势力。信使们号召埃及百姓勇敢地站起来共同面对危险，把侵略者赶出去。

恺撒占据了法罗斯岛及其港口，因此，加伊莫德无法阻止恺撒通过海路接受兵力和武器方面的援助。加伊莫德也无法切断恺撒的食物供给通道，因为恺撒所在区域有储量巨大的粮仓和弹药库。恺撒若要维持被困军队的正常秩序只需解决一个重要问题——保证足量的淡水

早期的法罗斯岛及港口

第七章 亚历山大之战

供应。恺撒的宫殿和堡垒的淡水是通过地下沟渠将尼罗河的水引到建在地面上的巨大蓄水池中得到的,然后再用水桶等器皿将水打上来饮用。查探敌情时,加伊莫德计划悄悄地挖一条运河,通过运河将海水引到地下水渠中。这个计划成功实施后,恺撒宫殿和堡垒的蓄水池中的水慢慢发生了变化,刚开始水只是有点变味儿,接着越来越咸、越来越苦,最后变得完全不能饮用。在很长一段时间,恺撒的军队都不知道为什么会发生这样的变化,查明真相后,军队陷入恐慌。毫无疑问,如果没有淡水,军队的生死将会完全掌握在敌人手中。事已至此,士兵们认为无论怎么坚持都没有希望,于是大家催促恺撒赶快撤出亚历山大港,登上舰船,从海上逃离。

但恺撒没有下令撤离,他命士兵停止一切行动,让几个军队长官指挥士兵在驻地挖井。恺撒说在靠近海岸的地方,即使是在离海很近的地面,只要达到一定的深度,总能有淡水。挖井工作取得成功,军队得到了充足的淡水。险情解除,士兵们的恐慌情绪得到缓解。

此事发生后不久,一天一只小帆船从城市西边的海岸驶进海港,带来了一条情报:一队运输船已到达城市西海岸,由于这个季节盛行东风,船队无法驶进亚历山大港,此时就停在西海岸。这支船队是恺撒刚登陆埃及时应恺撒要求派来的。船上载着武器、弹药和其他军需物资。在穿过地中海后，由于逆风，船队无法继续前行。此时，船上的淡水就快耗尽，处境极其危险。于是，船队派出一艘靠船桨驱动的小船来向恺撒汇报情况、请求援助。恺撒了解情况后，立刻登船，亲自出动，并命小舰队的其他船只紧随其后。出港后，恺撒挂起帆向西转，打算沿着海岸驶向被困船队所在地。

　　一切都秘密地进行着。亚历山大港附近地势很低，出海的船只、舰队在驶离海岸不远的地方就会消失不见。事实上，据旅行者说，在临近海岸的地方，由于水面的弧度和海岸又平又低的地势特征，人会产生一种幻觉，就好像人是从海上降落到了陆地上。所以，如果不是后面发生的事，恺撒本可以轻易地悄悄出海。即将到达运输船所在地时，为了补给淡水，恺撒下令将船停在距离亚历山大港一段距离的一个封闭的地方，然后派一队士兵登陆寻找淡水。士兵被当地村民发现，然后被当地的骑兵部队拦截，被俘入狱。因此，埃及人从俘虏口中了解到恺撒带着一小支船队，停在海岸边。消息很快传开。埃及百姓从四面八方聚集起来，仓促地在村子里和尼罗河的支流上汇集船只。这时，恺撒已到达运输船停泊地，为了把运输船带回亚历山大港，恺撒在船上绑了拖绳。

第七章 亚历山大之战

因为大帆船是由桨橹驱动，所以在一定程度上不受风向影响，可以拖着运输船前行。返程中，恺撒发现途中聚集着一支强大的海军挡住了自己的去路。

随后，双方发生了激烈的战斗，最终恺撒获胜。埃及人仓促组织起来的海军很快被摧毁了。一些船只被烧毁，一些船沉没了，还有一些船被缴获，船上的人被俘。恺撒带着运输船和物资凯旋，士兵们欢呼着，热情地迎接他。埃及艳后的喜悦和感激之情尤其强烈，她在恺撒离开后焦急地等待出征结果，她清楚地意识到她的英雄正置身极大的危险中。

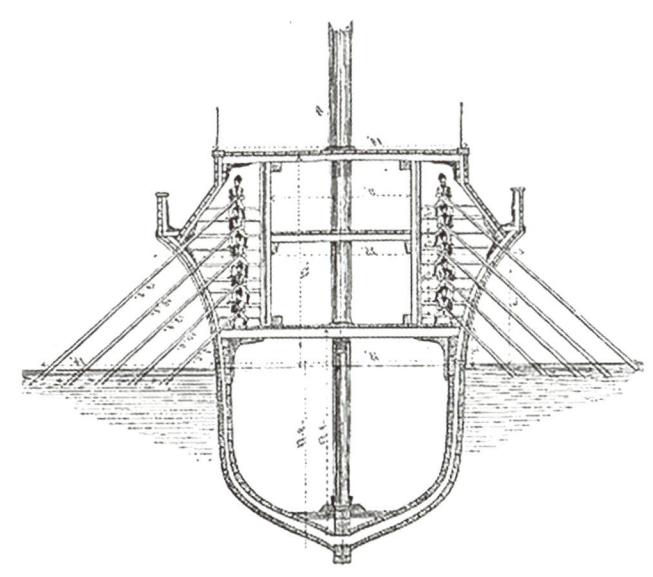

古罗马时期运输船工作示意图

埃及艳后

运输船带来的援助大大改善了恺撒军队的物资状况。看到恺撒得到援助,加伊莫德意识到如果想阻止恺撒,就必须马上占领海港。因此,加伊莫德决定立即筹备海军。他派人沿着海岸发出命令,让各地的船只都驶向亚历山大港。他还雇用了大量城里及城镇周边的人造更多的船只。加伊莫德拆了一些高大建筑房顶的木材来造船底和船桨。一切准备就绪后,加伊莫德在海港处向恺撒发起了猛烈进攻。为争夺海港、防波堤、岛屿以及控制入海的堡垒等要塞,双方进行了激烈战斗。恺撒很清楚这场战斗对战争最终结果至关重要,因此,他亲自上阵,身先士卒。恺撒有一种强烈的自豪、欣喜之情,因为他可以在战斗中向埃及艳后展现自己的英勇无畏。埃及艳后可能就在宫殿的窗户前关注着战斗,她在他身处危险时揪心,因他展现出的力量和勇气心生崇拜。在这场战斗中,这位伟大的征服者九死一生。恺撒像往常一样身着代表王权的紫色战袍,这使他成为显眼的攻击目标。当然,他是战场上的焦点。一次,在一场可怕的混战中,恺撒为逃命从一艘超载的战船上跳进水里,为了不让战袍落入敌人之手,恺撒一边游泳一边用牙咬着战袍,拖着战袍前进。同时,恺撒还用一只手举着一些重要文件,用另一只手不停地划水。

古罗马时期海军及战船上的桨手

对于恺撒而言,这次战役的结果又是一次具有决定性意义的胜利。恺撒不仅击败、毁灭了埃及所有战船,而且占领了防波堤和岛屿,防波堤的两端有防御堡垒,而岛上不仅设有灯塔还有法罗斯小镇。

埃及人士气低落。人们总是不可避免地以成败论英雄——埃及军队和百姓此时已经开始对加伊莫德和阿尔西诺伊四世的统治产生了厌烦情绪。于是他们派密使向恺撒表达对自己君主的不满。他们向恺撒提议释放托勒密十三世。当时作为国事犯的托勒密十三世一直被恺撒囚禁在宫殿中。如果恺撒释放托勒密十三世,埃及百姓便承认托勒密十三世的君主地位,因此一切问题都能以一种友好的方式轻易地协调、解决。恺撒欣然接受提议。

于是,恺撒把托勒密十三世叫到面前,和蔼地拉着他的手,告诉他埃及人民的愿望,并允许托勒密十三世离开。而托勒密十三世请求恺撒不要送他走,他对恺撒表达了强烈的依赖和极度的信任。托勒密十三世说自己更愿意留在恺撒这里,得到恺撒的庇护。恺撒回答说如果这是托勒密十三世的真实想法,那他们的分离不会是长久之事。恺撒说:"如果我们是朋友,那么我们很快会再见面的。"恺撒用宽慰的话鼓励这位年轻的君主,然后把他送走。回去后,托勒密十三世受到埃及人民的

第七章 亚历山大之战

热情欢迎,并很快再次登上王位。但当了国王后,托勒密十三世并没有立刻想办法解决和恺撒的矛盾,而是将极大的热情投入全面备战中,他从海、陆两方面做准备,酝酿着一场猛烈的进攻。战争结果无从知晓,因为没过多久,整个局势被一件突然发生的重要事件改变了,这个事件让埃及人和罗马人的注意力都转向了埃及王国的东部。有消息传来,一大队人马在一位叫米特拉达梯将军的率领下突然出现在佩鲁斯阿姆,并且占领了这座城,现在正向亚历山大港进军。米特拉达梯正是恺撒派人到亚洲寻来的援军。

埃及军队立刻从亚历山大港附近的营地开拔向东前去迎战新的入侵者。恺撒带着能保证自己安全撤退的所有兵力紧随其后。恺撒在夜色的掩盖下悄悄离开亚历山大港,在无人知晓的情况下以极快的速度穿过整个国家,赶在托勒密十三世的部队到达之前与米特拉达梯会师。经历长时间行军后,两军相遇,爆发了激烈的战斗。埃及军队溃败,托勒密十三世的军营被攻占。当罗马士兵从托勒密十三世的军营一侧突袭时,托勒密十三世的守军和随从从另一侧仓皇出逃,他们在极度恐慌和混乱中连滚带爬翻过防御堡垒。跑在前面的士兵掉进堡垒下方的沟渠中,于是沟渠很快被死人和垂死之人填得满满当当。而跑在后面的士兵则无情地踩在战友身上,以他们为桥慌忙逃走。沟渠中的人在逃跑的士兵脚下打滚、挣扎、尖叫。那些逃掉的士兵来到河边,他们挤上岸边停靠的一条船,准备划船离开河岸。这条船严重超载,离岸后不久就沉没了。罗马人从岸边打捞上来漂移的尸体,他们发现其中一具尸体佩戴着象征高贵身份的护胸铠甲,上面有埃及国王的标志,后被证实这具尸体正是托勒密十三世。

这场战役以恺撒的胜利和托勒密十三世的死亡而告终。对恺撒来说现在的任务就是率领军队打道回府,返回亚历山大港。当恺撒顺利回城时,亚历山大港残留的埃及军没有做任何抵抗。随后,恺撒把阿尔西诺伊四世投入大牢。恺撒同意埃及艳后嫁给她最小的弟弟——也就是另一个托勒密,埃及艳后以王后的身份统治国家。这个托勒密当时大约十一岁,和这个小孩子的婚姻当然只是一种形式。和以前一样,埃及艳后还是恺撒的伴侣。

此时,罗马上下对恺撒谴责不断。整个罗马都认为恺撒作为罗马的执政官和罗马帝国的军队统帅,不顾自己的职责,卷入一个偏远、闭塞王国的斗争中,而这个王国和罗马并没有太大的利益关系。恺撒的朋友和罗马政要都催促恺撒回国。他们对恺撒长时间擅离职守愤愤

第七章 亚历山大之战

不平,他们尤其气愤的是恺撒滞留埃及的原因是和那里的王后产生了不道德的恋情,这不仅违背了恺撒对国家的承诺,也给恺撒的妻子卡布妮亚·皮索尼斯以及其他留在罗马的家人造成了痛苦,恺撒犯下了不可容忍的错误。但恺撒沉迷于埃及艳后的美色,受控于她神秘、不可理解的魅力,恺撒完全听不进任何规劝。即使战争结束后,他仍在埃及滞留了几个月,享受有爱侣为伴的美好时光。他们两人共度良宵,夜夜笙歌。战争结束后,两人还在埃及各地进行了盛大的皇家巡游,动用大批罗马士兵保驾护航。恺撒计划带埃及艳后回罗马,并在罗马结婚。虽然恺撒已有家室,但为了达到目的,恺撒想方设法修改了法律。

这一切激起了恺撒朋友们和罗马军队的强烈不满。埃及人也强烈指责埃及艳后的所作所为。此时,埃及艳后的儿子诞生了,按亚历山大人以父亲的名字命名的传统,孩子取名恺撒里昂。埃及艳后有了母亲这个新的身份,但她得到的不是关注和同情,而是羞辱和谴责。

经过这段时间,埃及艳后性格越来越成熟,长得也越来越漂亮。但那些曾经让她充满魅力的天真、朴素的活力和志气,现在却变成放肆、鲁莽的怪脾气。纯洁无瑕、合情合理的爱情会让人心变柔软,让人的一举一动变得温柔、安详，但逾越上帝、自然法则得到的不纯洁的爱情会让女人变得霸气、大胆、心硬如铁，并且完全毁掉她性格中由温柔和羞怯形成的魅力。这条定律已经在埃及艳后身上体现出来了。埃及艳后完全无视子民的意见，只为如何长久维持和恺撒不道德的关系而焦虑不安。

但恺撒最终还是决定离开埃及艳后，返回罗马。临走时他只带了一部分士兵登船，留下足够的兵力帮助埃及艳后稳固政权。恺撒还带走了阿尔西诺伊四世，打算把她当作战利品带回罗马向众人展示。

第八章

埃及艳后暗杀托勒密十四世

精彩看点

短暂的亚历山大之战——亚历山大之战的影响——埃及国库的收入——修复城市——重建图书馆——再次收藏手稿——埃及艳后堕落——年轻的托勒密十四世——埃及艳后暗杀托勒密十四世——恺撒的事业——埃及艳后决定前往罗马——罗马人的情感——恺撒的四次胜利——凯旋式游行的特点——阿尔西诺伊四世——罗马人同情阿尔西诺伊四世——恺撒过度炫耀——盛宴和庆典——放纵与淫逸——公开搏斗——人工湖——湖上的搏斗——陆上的搏斗——震惊的百姓——埃及艳后来访——恺撒计划自立为王——密谋刺杀恺撒——恺撒被暗杀——阿尔西诺伊四世被释放——卡布妮亚·皮索尼斯悼念丈夫——卡布妮亚·皮索尼斯寻求马克·安东尼的保护

恺撒帮助埃及艳后重夺王权的战争没持续多久就结束了。恺撒追赶格涅乌斯·庞培到达埃及时是8月1日，到第二年一月末战争已结束，埃及艳后也已确立了君主地位。战争非常惨烈，但持续的时间并不长。几个月后，亚历山大港的居民恢复了平静的生活，开始追求繁荣的经济景况。

战争以及战争引起的纷扰并没有对埃及内陆地区造成太大影响。在米特拉达梯到达佩鲁斯阿姆之前，战场主要在亚历山大港及其周边海滩。军队曾穿过尼罗河三角洲，最后的决战地点的确在内陆地区，但埃及内陆直接受战争影响的区域毕竟只有一小片。广大劳动人民在尼罗河各支流两岸肥沃的土地上以及延伸到内陆地区葱郁的谷地中生活、劳作。关于战争的消息，他们也只是听说而已。农业生产和以前一样稳定、繁荣，所以到战争结束,埃及艳后恢复稳定、和平的统治秩序时,发现帝国的资源并没有遭到太大的破坏。

因此,埃及国库非常充实,于是埃及艳后充分利用国库资源恢复国家繁荣、辉煌的局面。大火以及围攻等军事行动给宫殿和大型建筑带来的破坏被修复了,坍塌的桥梁被重建,堵塞的运河被疏通;皇宫蓄水池中的海水被排出;房屋、废墟上的垃圾被清理;大街上的路障被清除;军械和粗鲁的罗马士兵对皇宫造成的损坏被修缮了。总之,城市迅速复原,恢复了从前有序、美好的

埃及艳后当政时期发行的货币,上面的人物头像为埃及艳后

第八章 埃及艳后暗杀托勒密十四世

状态。当然,亚历山大图书馆中五十万卷被焚的手稿无法再恢复原样。但从其他各方面来看,城市很快呈现出之前的辉煌景象。埃及艳后也尽全力挽回图书馆的损失。她下令修缮图书馆受损建筑。在她有生之年,图书馆总共收集了十万到二十万卷手稿,新收藏的手稿象征着图书馆又一个新的开端。后面,我们会谈到埃及艳后收集手稿的方法。然而,新图书馆永远无法像老图书馆那样拥有显赫的名声以及卓越的地位。

如上文所述,埃及艳后的先辈们,也就是埃及从前的君王们投入大量的国家财富来实现自己的野心,而这些财富都来源于对尼罗河谷地劳动人民的压榨。埃及艳后似乎更愿意把钱财花在奢华、享乐的生活上。之前的托勒密君王们花费大量钱财大兴土木,为亚历山大港建立各种大型建筑,为城市增添荣光,为自己博取名声。而像埃及艳后这样年轻貌美、冲动鲁莽的女人突然坐到显赫的位置上,在掌握至高无上的权力和大量财富之后,把王室的钱财花在个人炫耀以及热闹、享乐的事情上也是预料之中的。埃及艳后命人装修皇宫,还下令建造豪华游船以方便在尼罗河上游览、玩乐。她动用大量财富购置衣物和出行装备,把钱花在奢华的娱乐项目上。事实上,在她执政的头几年,她为享乐以及类似的事情花费了巨额财富，人们认为她毫无节制的享乐、个人炫耀以及对浮华的追求已经达到了前所未有的地步。

在毫无节制的享乐生活方式的影响下，埃及艳后早年单纯的性格，特别是温柔、善良的脾性，都渐渐消失了。她依然美丽迷人，但开始变得自私、无情、狡诈。当恺撒安排她与她最小的弟弟成婚时，她的小弟弟还不过是个十一岁的孩子，而如今也成了她嫉妒的对象。当然，她最小的弟弟当时年龄还不大，无法实实在在地和她共同执掌权力，也根本干预不了姐姐的任何计划和享乐行为。但他慢慢长大了，过几年就十五岁了。按照恺撒的安排以及埃及王国的法律和惯例，那时他就可以以国王和埃及艳后丈夫的身份掌握实权。埃及艳后极不愿看到那一刻到来，也不愿接受由此带来的关系变化以及自己在政府内地位的变化。因此，在这之前，她先下毒结束了弟弟的生命。就像她料想的那样，弟弟的死使她更加无拘无束，从此埃及艳后继续独揽大权。观察埃及艳后的余生，我们会发现，就权力、财富和浮华带来的愉悦来说，她的一生算得上称心如意。埃及艳后总是极度放纵欲望，她从不约束自己的行为，从来没有任何顾忌，她放纵欲望的方式也是五花八门。埃及艳后唯一不满足的是，当冲动、充满激情的灵魂一旦冲破了上帝和

埃及艳后的奢侈生活

自然设下的藩篱,就永远无法再次得到满足。

执政初期,埃及艳后享受着荣华富贵。而此时恺撒作为世界的征服者,正在追求事业,恺撒在多数情况下都以胜利者的姿态出现。在格涅乌斯·庞培死后,恺撒自然而然享有至高无上的权力。但当恺撒滞留埃及,并和埃及艳后纠缠不清的事情传开后,恺撒世界各地的敌人对他更加深恶痛绝,他们蓄积了更强大的力量,准备对付恺撒。事实上,最终让恺撒离开埃及的直接原因是小亚细亚爆发了叛乱,需要恺撒立即出马平息。

西班牙、非洲和意大利也酝酿着抵抗恺撒统治的计划。但恺撒卓越的军事才能使他每次出现都会给手下士兵带来一种无限的威慑力。而且,恺撒从一片大陆到另一片大陆,从一个国家到另一个国家,速度之快令人震惊。在恺撒离开埃及后不久,他就在刚才提到的三个地区完成了一系列精彩、成功的战役指挥工作,有效地镇压了反对势力,然后他带着公认的世界霸主的身份回到了罗马。当然埃及艳后一直关注着恺撒,她为他骄傲,为他事业取得成功感到喜悦。最后,埃及艳后决定前往罗马与恺撒相会。

但罗马人民并不打算真诚地接纳她。尽管当时是一个纵容各种邪恶的时代,但人类强烈的道德本能使人们

第八章 埃及艳后暗杀托勒密十四世

不能对这样一个引人注目的邪恶角色完全视而不见。那段时间,阿尔西诺伊四世也在罗马。离开埃及时,恺撒把阿尔西诺伊四世当作战利品带回罗马。事实上,恺撒把阿尔西诺伊四世当作俘虏带回罗马是为了给自己的凯旋式增加亮点。

根据古罗马惯例,最高级别的军事将领在远征中征服了劲敌或取得了辉煌战绩从遥远的战场返回时,元老院会授予他盛大的庆祝仪式——凯旋式。恺撒把自己所有的凯旋式都集中在一次举行。在他最终完成征服世界的任务返回罗马时,庆祝活动开始了。这次凯旋式的游行持续了四天。实际上,这次凯旋式是由四次小凯旋式合并而成,每天举行一次,一共举行四天。小凯旋式分别针对发生在高卢、埃及、亚洲和非洲的四次战役。这四天,游行长队里有一支很长的俘虏队伍,里面有武器、横幅、图片、画像、装满战利品的马车以及押着被俘王子、公主以及野生或家养动物的护卫队,还有其他一些从战场上带回来的东西,其目的就是显示卓越的战绩,让人们产生好奇、崇拜之心。

当然,罗马将领们在遥远的海外战场战斗时,全都野心勃勃,想多带回一些有名望的战俘和贵重的财物,这些东西能在凯旋式上庆祝胜利的游行中为自己增光添

凯旋式上的恺撒

凯旋式上的大象

凯旋式上的俘虏

凯旋式上的乐师

彩。出于这样的目的，恺撒将阿尔西诺伊四世从埃及带到罗马，并把她囚禁起来直到征战完全结束，凯旋式到来。阿尔西诺伊四世出现在"埃及日"当天的祝捷队列中，就走在恺撒的战车前。阿尔西诺伊四世和其他战俘一样戴着枷锁，为了突显她高贵的身份，给她戴的枷锁是黄金打造的。

这位不幸的埃及王族成员显得忧伤、哀怨，她和那些通过暴力掠夺来的战利品一起，缓慢地跟着游行队列行进着。罗马人看到这一幕情境，产生了对恺撒不利的情绪。民众可怜阿尔西诺伊四世，同情她的遭遇。阿尔西诺伊四世悲伤的样子让人们想起恺撒玩忽职守的行为，百姓认为恺撒因无法抵抗埃及艳后的诱惑，长期停留在埃及，忘记了身为罗马执政官的职责。总之，有利于恺撒的那些对他军事战绩的崇拜之情发生了变化。即使在凯旋式上，罗马城中也出现了对恺撒的各种非议。

出于骄傲和虚荣，恺撒把凯旋式办得十分辉煌、壮观，排场史无前例。但恺撒过度炫耀的后果恰恰与他的初衷背道而驰。阿尔西诺伊四世就是例子。为了把另一个女人扶上王位，恺撒在埃及废了这个女王，并把她当作俘虏带回罗马。这件事并没有突显出恺撒在埃及的功绩多伟大，反而又一次引发了人们对恺撒在埃及所作所

第八章 埃及艳后暗杀托勒密十四世

为的声讨和谴责。如果不是阿尔西诺伊四世以可怜的模样出现在游行队列中,也许人们早已把此事遗忘。

还有类似的例子,比如宴会。恺撒把从战场上掠夺来的大量财富用于为百姓举办庆祝胜利的宴会和表演。当然,很大一部分百姓对能获得纵情享乐的机会感到高兴。但更大一部分人看到铺张浪费、挥霍无度的景象感到气愤。接连几天,罗马上下沉浸在放纵、淫逸中。但人们并没有满足于丰盛的宴会和精彩的表演,相反,他们认为恺撒一定是竭尽所能非法掠夺、侵占了大笔财产才能如此毫无节制、无所顾忌地挥霍。

还有一次,恺撒本想做些赢得民心的事,结果却引起了公众强烈的反感。在众多野蛮的娱乐项目中,罗马人钟情搏斗。搏斗的形式多样,有时发生在同类物种之间,有时发生在不同种类的两只凶残野兽之间,比如让两条狗搏斗,或让狗与公牛、狮子、老虎搏斗。任何参与搏斗的动物在打斗撕咬时都可能因挑衅、刺激而发怒,从而变得异常凶猛。有时,人也会参加搏斗。参加搏斗的人都是从战场上带回来的俘虏,他们作为角斗士在罗马圆形竞技场上表演。他们有时被迫和野兽较量,有时与其他角斗士较量。恺撒深知罗马人十分喜爱这项活动,于是决定举行极大规模的搏斗活动,让百姓看过瘾。在他看来，打斗规模越大、强度越刺激、场面越可怕，观众获得的愉悦感就会越强。因此，在准备凯旋式庆典时，恺撒命人在罗马附近合适的地方挖了一个巨大的湖，他准备在这里安排一场水上战斗，到时候罗马百姓可以围湖观战。大量战船被运到湖中，这些船和战时使用的战船大小一致。船上安排了很多士兵。战船被分为两队，一边是提尔战俘，另一边是埃及战俘。恺撒下令让两支船队互相靠近，然后进行一场真正的战斗，从而取悦湖边的百姓。参战者是从不同国家抓来的，两国士兵对彼此充满敌意。当然，大家对这种必须拼命的战斗十分恐惧，士兵们都拼死相搏。上百名士兵被杀，尸体落入湖中，湖水被鲜血染成了红色。

陆地上也有相同规模的战斗。有一次战斗双方分别有五百步兵，二十头大象和三十匹战马。就参战人数而言，战斗规模超过了标志美国独立战争开始的著名的莱克星顿之战。就死伤人数而言，这场战斗可能超过莱克星顿之战将近十倍。对于那些本应被取悦的百姓来说，这些可怕的场景太过血腥、残忍。恺撒急于让每一次表演都精彩绝伦，但没有想到这些表演已经超过人们的承受能力。当看到被屠杀的士兵倒在血泊中时，垂死者在痛苦和绝望中挣扎时，人们已经无法再把这种活动当作

角斗士之间的较量

娱乐休闲活动了。人们感到震惊,开始谴责恺撒的残忍行为。这种谴责以及其他各种被压制的批评、责备在全国各地传开了。

访问罗马期间,埃及艳后公然住在恺撒的宫殿里,这引起了大家普遍的不满。人们怜悯阿尔西诺伊四世。尽管埃及艳后美丽动人、多才多艺、魅力四射,但在民众眼中,她是众矢之的。但此时,民众关心的是恺撒的政治活动及活动的目的。人们指责恺撒玩伎俩企图谋取王位。一部分民众支持他,一部分民众反对他。虽然人们还不敢公开表达情绪,但愤怒的情绪随着镇压力量的增加不断高涨。马克·安东尼当时在罗马,他热情地支持恺撒的事业,而且鼓励恺撒想方设法登上王位。马克·安东尼曾在一次公开的庆祝活动上提出要把王冠戴在恺撒头上。这个提法引起了大家的反对,马克·安东尼只好作罢。

最终,恺撒还是决定自立为王。恺撒是利用了公共事务中奇特的机缘达成目的的,在这里就不详细叙述了。这种机缘与恺撒的计谋相合,他一步步策划着,最终使元老院将王权交给自己。这件事让一些人觉得他们一直担心的事情即将发生,不满的声音越来越大,最终有人密谋刺杀这位野心家,从而阻止危险局面形成。领导秘

埃及艳后与恺撒

密行动的是两位倔强、果敢的人——布鲁特斯和卡修斯，他们制定计划，组织人马，装配武器，伺机而动。由恺撒主持在元老院召开决定性投票会议那天，这两位勇士大胆地冲到主持人恺撒身边，用匕首结束了恺撒的生命。

马克·安东尼对密谋行动一无所知，当时，他站在恺撒旁边，惊讶地看着这一切发生，却完全没办法保护自己的朋友。

恺撒死后，埃及艳后立刻从罗马逃回埃及。

在此之前，阿尔西诺伊四世已离开。恺撒在凯旋式庆典结束后释放了阿尔西诺伊四世，其原因可能是觉得阿尔西诺伊四世可怜，也可能是觉察到民众情绪的变化。民众似乎更愿意和阿尔西诺伊四世站在一起反对恺撒。恺撒担心阿尔西诺伊四世回到埃及后通过各种方式阻碍埃及艳后执政，所以不允许阿尔西诺伊四世返回埃及。因此，阿尔西诺伊四世去了叙利亚，虽然不再是俘虏的身份，但也算是被自己的国家流放的人。我们会在后面的章节介绍阿尔西诺伊四世在叙利亚的情况。

卡布妮亚·皮索尼斯真诚地哀悼自己的丈夫。作为妻子，她怀着极大的耐心，毫无怨言地承受一切，她深爱着丈夫，对丈夫自始至终忠心耿耿。就在暗杀前一天晚上，她温柔、焦虑的牵挂就是最动人的证明。通过观

恺撒遇刺

察丈夫,她觉察到一些微妙、模糊的危险迹象,恺撒的朋友们没有注意到这些迹象,这些迹象让卡布尼亚·皮索尼斯恐惧、焦虑。最后,当恺撒那血肉模糊的尸体被人从元老院大厅抬回家时,卡布尼亚·皮索尼斯悲伤、绝望到几乎崩溃。

卡布妮亚·皮索尼斯没有孩子,因此她把马克·安东尼当作自己最亲密的朋友和保护者。第二天,当全城还被困惑和恐惧笼罩时,卡布妮亚·皮索尼斯急急忙忙收拾好房子里值钱的家当,然后带着财物以及丈夫的书信、文件来到马克·安东尼处,请马克·安东妥善保管。

第九章

腓力比之战

精彩看点

震惊罗马人——恺撒的遗嘱——布鲁特斯和卡修斯——派系形成——屋大维和马尔库斯·埃米利乌斯·勒皮达斯——屋大维的性格——屋大维前往罗马——屋大维要求享有继承权——向埃及艳后派遣使者——埃及艳后的决定——卡修斯放弃计划——腓力比会师——屋大维生病——布鲁特斯和卡修斯的分歧——军事会议——兴高采烈的布鲁特斯——意志消沉的卡修斯——战前准备——布鲁特斯捐躯的决心——卡修斯的决心——不祥之兆——不祥之兆对卡修斯的影响——蜂群——布鲁特斯收到警告——布鲁特斯见到幽灵——和幽灵的对话——腓力比之战——屋大维战败——卡修斯战败——布鲁特斯援助卡修斯——卡修斯之死——布鲁特斯的悲伤——布鲁特斯战败——撤退——布鲁特斯的境遇——头盔取水——布鲁特斯被包围——斯塔提里乌斯的提议——焦虑和担心——布鲁特斯的决心——布鲁特斯和朋友诀别——最后的任务——马克·安东尼的地位

首次向罗马百姓宣布恺撒被暗杀的消息后，各阶层都十分震惊、惶恐，大家感到无所适从。罗马城中一大部分权贵是恺撒的朋友，当然，也有相当数量的权贵与恺撒对立。没人能预见两派中哪一派会占上风，至少一时之间，一切都是未知数。

此时，马克·安东尼立即出面代表恺撒，领导起支持恺撒大帝的派系。在恺撒的财物中，人们发现了遗嘱。恺撒的遗嘱规定把大笔财产留给罗马人民，将相当数额的财产留给恺撒的甥孙——屋大维，后面我们会对这个人做详细介绍。遗嘱中也提到马克·安东尼，恺撒指定马克·安东尼为遗嘱的执行者。介于这种情况加上其他因素，看起来似乎是恺撒授权马克·安东尼出任恺撒这一派的领袖。完成了极其危险的刺杀行动后，布鲁特斯和卡修斯仍然光明正大地留在罗马城，他俩是公认的反

埃及艳后

对恺撒一派的领袖。光天化日之下对罗马元老院即将加冕的帝王行刺，这样的政变震动巨大、来势迅猛让人民大众感到惊慌失措，他们不知道该说什么、做什么。恺撒显赫的地位、行刺人的身份和职位以及当时行刺现场的公开性，让这场刺杀行动成为历史上最引人瞩目、骇人听闻的事件。经过很长一段时间，罗马人都无法接受这一消息。但最终敌对两派变得势力分明，界限越来越清晰，双方也开始公开部署打击对方的行动。

在很短的时间内，马克·安东尼在恺撒这一派中的最高权威的地位得到了大家的接受和认可，但在部署行动时，马克·安东尼发现身边有两个难以对付的竞争者，他们就是屋大维和马尔库斯·埃米利乌斯·勒皮达斯。

前面已经提到过，屋大维——恺撒的甥孙，是个才华横溢、气质非凡的年轻人，当时大约十九岁。屋大维[①]是恺撒侄女的儿子，也是恺撒最器重的人。恺撒十分关注屋大维的教育问题，很早就在日常政务中对盖乌斯·屋大维·图里努斯委以重任。恺撒认屋大维为养子并指定他为继承人。在恺撒被暗杀时，屋大维正在希腊北部伊利里库姆的一座城市阿波罗尼亚执行任务。屋大

---

① 屋大维后来改名为奥古斯都·恺撒，这是普遍接受的名字。但最初他的名字是屋大维。为了避免混淆，这里将继续以屋大维来称呼他。——译者注

屋大维

埃及艳后

维手下的将士提出,只要屋大维愿意,他们就追随他进军罗马,为恺撒报仇。屋大维再三考虑,觉得最谨慎的做法是先独自返回罗马,遵照遗嘱规定,以个人名义取得继承人的地位和权力。他打算就这么办。但当到达罗马时,他发现遗嘱、财产、书籍、文件以及政府的实权都已落入马克·安东尼之手。马克·安东尼并没有把屋大维应得的财产和权力交给他,反而是寻找各种借口逃避、拖延移交之事。马克·安东尼说屋大维太年轻,还不能承担如此重大的责任。马克·安东尼还说自己整日忙于各种棘手的政务,无暇处理遗嘱之事。他以类似的借口逃避屋大维提出的要求。

屋大维虽然年轻,但他是一个聪明、勇敢、意志坚定的人。他很快在罗马元老院中结交了很多权贵。在支持恺撒这一派中,谁是最高权威成了问题。这场权力之争持续了两三年,争斗使一系列阴谋诡计、军队调遣之事出现,甚至引发了内战,我们就不在此赘述。

马克·安东尼的另一个竞争对手是罗马著名的马尔库斯·埃米利乌斯·勒皮达斯将军。这个人是一名军官,在恺撒遇刺时,他表现得异常镇静。暗杀发生当天,马尔库斯·埃米利乌斯·勒皮达斯也在场。当行刺结束,马尔库斯·埃米利乌斯·勒皮达斯悄悄溜出了元老院议

第九章 腓力比之战

事厅,没有在城中停留而是直接跑到军营,立刻担任起军队总指挥。这使他获得了巨大的权力,在随后马克·安东尼和屋大维的斗争中,他表现得很积极,均衡了双方力量。最终,这场斗争以三位竞争者结盟而告终。在发现谁都无法在斗争中取得完全胜利时,他们联合起来,从而形成了著名的"三头政治",并以这种形式在之后一段时间内操控着罗马的最高权力。为了达成和解并组成联盟,三个对手在意大利北部波河支流的一个小岛上举行了会议。会面过程中,他们相互间充满了猜疑、嫉妒。河流两岸分别有两座桥通往小岛。马克·安东尼的部队在河流的一边停下,屋大维的部队停在河流另一边。马尔库斯·埃米利乌斯·勒皮达斯先过桥上岛,仔细查看地形,确认没有伏兵之后,向另外两位发出信号,那两位才通过各自所在河岸的桥登上小岛。他们每人都带了三百卫兵,这些卫兵驻守在桥上,一旦情况有变,他们要确保自己的主人安全撤离。会议持续了三天,大家对盟约的所有条款都达成一致并签署协约后才结束会议。

最终,联盟形成。三位盟友决定合力对付布鲁特斯和卡修斯领导下的反对派。

屋大维、马克·安东尼和马尔库斯·埃米利乌斯·勒皮达斯三人斗争的中心主要集中在意大利和其他几个欧洲国家。而布鲁特斯和卡修斯在刺杀恺撒之后立刻穿过了亚得里亚海进入东方。他们当时忙着在小亚细亚召集军队，计划着和东方的权贵们结盟，他们还占领了火药库，向同意支持他们的势力索要捐赠。他们派使者出使不同的国家，其中一位使者被派去埃及向埃及艳后索要援助。但埃及艳后在这场斗争中坚定地站在另一方。她对恺撒大帝为自己所做的努力和牺牲心怀感激，因此倾向支持恺撒大帝的朋友也是理所当然的。埃及艳后并没有像布鲁特斯和卡修斯希望的那样派兵援助他们，相反，她立刻准备船只前往亚洲沿海地区，目的在于尽自己最大的努力为马克·安东尼提供帮助。

　　卡修斯发现埃及艳后决定帮助自己的敌人，于是立刻向埃及进军，准备占领埃及。卡修斯让军队驻扎在希腊南边的海峡，只要埃及艳后的舰队出现在欧洲海岸，他们就能观察到敌情并实施拦截。但无论是埃及艳后对付卡修斯的计划，还是卡修斯阻拦埃及艳后的计划最后都没有成功。埃及艳后的舰队在途中遭遇了可怕的暴风雨，舰队被吹散并被摧毁。一小部分残存部队被吹到非洲海岸，但这一小部分兵力根本无法完成原定计划。同样，卡修斯出征埃及的计划最终也没能实施。当时，来自意大利和罗马方向的威胁已经近在眼前，在布鲁特斯

马尔库斯·埃米利乌斯·勒皮达斯

的催促下，卡修斯不得已放弃了进军埃及的计划，两位大将集中兵力准备迎战正向他们快速进军的"三头政治"麾下的军队。为了迎战，他们从塞斯托斯穿过达达尼尔海峡，到达阿比杜斯，最后进入色雷斯。

两方强大的军队在向战场靠近的过程中，经历了向前行军、撤退，以及各种排兵布阵，双方迫切希望能占据打击敌方的有利地势。双方军队在腓力比附近开始靠近。布鲁特斯和卡修斯先到腓力比。城市周围有一块平原，布鲁特斯占据了平原上的一块地势凸起的区域，并在周围挖壕沟防御敌人。卡修斯让部队驻扎在三英里外一处靠海的地方。两个营地间有一条战壕，两军指挥官通过战壕上的通道沟通。他们面向平原，背朝大海，并且驻扎地左边是斯特里蒙河和一块沼泽地，这可以算是占据了绝对有利的地势。他们在这里等着敌人到来。

此时，马克·安东尼在离腓力比不远的安菲波利斯城，当他听说布鲁特斯和卡修斯已占据有利地势等待开战时，就立刻行进至平原安营扎寨。屋大维因病滞留在离此地不远的都拉基乌姆城，马克·安东尼等了十天后，屋大维才到达。当时屋大维病情严重，只能靠人用担架抬到营地。马克·安东尼把营地设在卡修斯的营地对面，这里靠近大海。而屋大维占据了布鲁特斯对面的地方。

布鲁特斯

埃及艳后

然后四支部队按兵不动,预测着交火的结果。

双方的部队势均力敌。但此时共和派——布鲁特斯和卡修斯这一派,遭遇了供给不足、储备严重短缺的状况。此时,卡修斯和布鲁特斯就下一步的行动计划产生了分歧。布鲁特斯打算向敌人开火,而卡修斯不愿意这样做。卡修斯认为在当时的处境下,把事业的前途都赌在一场战争上是不明智的,也是没有必要的。于是,他们召开军事会议,征求官员意见。在会上,一位官员建议把战争拖到来年冬天,当布鲁特斯问他这样做的好处时,他说:"这样我就能活得久一点儿。"这个答案伤

卡修斯

第九章 腓力比之战

到了卡修斯的自尊和他作为军人的荣誉感。尽管这个提议符合他的计划,但他认为如果接受这个意见就会背负贪生怕死的名声,所以他宁愿收回自己原来的意见也不愿背负坏名声。会议通过了开战提议,于是他们让部队原地待命,准备向敌人发起进攻。官员们都回到各自的营地。

布鲁特斯十分满意会议的决定。开战是布鲁特斯的愿望,现在他的意见被采纳,他对次日的战斗景象充满期待。布鲁特斯在营帐中大肆举行庆祝活动,邀请他这一分支的军官吃饭、喝酒。聚会在喜乐气氛中持续了整整一夜,大家互相祝贺即将到来的胜利,因为他们相信第二天的胜利唾手可得。布鲁特斯整晚都在高谈阔论,用自己饱满的信心鼓舞大家。

而海边营地里的卡修斯相当沉默、沮丧。私下里,他和几个好友吃饭、喝酒。席间他起身拉起身边一位官员并握着官员的手说在这种情况下开战的话,战斗结果令人担心。卡修斯说:"我认为在这种情况下开战就是在拿罗马的自由打赌,这不是我想看到的,但我也无法控制局势。我希望日后你能证明我是不得已而为之。尽管我有一种不祥的预感,但我还是要鼓足勇气,期待最好的结果。让我们明晚再聚一次,因为明天是我的生日。"

第二天，也就是开战当天，早晨，按照罗马的传统，两名主帅的营帐顶端挂起了火红的幔帐，这是开战信号。幔帐像旗帜一样在空中招展。军队蓄势待发，做好了开战准备。两位主帅从各自营地出发，他们在途中会面就当天的排兵布阵做最后的商讨、部署。当商议结束，大家准备奔赴各自的战地时，卡修斯问布鲁特斯如果今天战败，有什么打算。卡修斯说："我们期待能得到最好的结果，希望上帝在关键时刻将胜利赐予我们。但不要忘记人类最伟大、最重要的事情往往都具有不确定性。我们无法预见今天战斗的结果。如果天不遂人愿，你有何打算？逃跑或是死亡？"

布鲁特斯回答："在我年轻的时候，我会把这当作一个原则性的问题，当时我认为对一个人而言，放弃生命是一种罪。无论面临的威胁多大，无论处境多绝望，我认为每个人都应该活下去，耐心等待转机。但在当前处境中，我会从不同角度看待这个问题。如果今天我们不能赢得这场战役，我认为我们就失去了挽救国家的一切希望和可能，我是决不会活着离开战场的。"

之前，意志消沉的卡修斯也做了同样的决定。当他听到布鲁特斯表达了相同的想法时，他欣喜不已，紧握战友的手，显得欢欣、愉悦。卡修斯向布鲁特斯告别时

第九章 腓力比之战

说:"我们会勇敢地面对敌人。因为我们知道就算不能克敌制胜,也应无所畏惧。"

从某种程度上看,卡修斯的沮丧情绪和对这一事业前景的绝望态度是源于他留意到的一些不祥迹象。这些迹象虽然琐碎、不起眼,却对卡修斯产生了重大影响,尽管他一直以来都是一个聪明、坚强、能力超群的人。迹象如下:

根据惯例,卡修斯在献祭时要戴上花环,然而给他拿花环的军官不小心把花环反着呈给他。另外在一次游行中,一尊为了向卡修斯表达敬意的金像由于搬运者被绊倒落到了地上,这被卡修斯视为大难临头的预兆。还有在战前几天,很多秃鹫和猛禽在罗马军队上空盘旋,营地管辖区还不时出现成群的蜜蜂,这些迹象让人担忧,为把不祥之兆挡在营地外,官兵们不得不更改防线和战壕的位置。这些迹象严重影响了卡修斯的心情,他认为灾难就要降临到他头上。

布鲁特斯并不是没见到类似的迹象,然而这些迹象对他造成的影响似乎没有对卡修斯那么大。根据历史学家的记载,战前,在小亚细亚的时候,布鲁特斯曾看到一个神秘的幽灵向他发出了不可思议的警告。当时布鲁特斯正在萨迪斯城附近的营地里。据说,布鲁特斯睡眠很少，在官兵都退下后，他总是独坐在营帐中，有时读书，有时思考事情。有一天晚上，他坐着，身边一盏烛火燃着，他陷入了沉思。突然，他听到一阵动静，好像有什么东西进来。他抬起头，看到一个奇怪、神秘、巨大的身影从门里进来，正朝他走来。幽灵盯着他，但并没有说话。

布鲁特斯一向无所惧怕，他大胆地问幽灵是谁，要干什么，怎么进来的。幽灵说："我是你的邪恶灵魂，我们将在腓力比相遇。"布鲁特斯说："那么说，好像我们无论如何都会再次相遇。"幽灵没有作答就消失了。

布鲁特斯站起来走到帐篷门口，召集执勤哨兵，叫醒周围睡觉的士兵。哨兵们表示什么都没看到，经过一番费力查找，最终并没有发现神秘访客的蛛丝马迹。

第二天早上，布鲁特斯向卡修斯讲了这件事。卡修斯虽然对自己发现的不祥之兆非常敏感，但对发生在别人身上的事却能保持冷静态度。他非常理性地向布鲁特斯论证，让他相信他看到的景象只不过是睡眠中的梦境。他认为当时的处境和布鲁特斯长期疲惫、焦虑的状态使布鲁特斯在无意识的状态下产生了一些幻象，那个神秘的幽灵就来源于此。

现在我们来关注战场上的情况。部队的部署情况以及战场的分布情况如下，布鲁特斯的部队和屋大维的部

第九章 腓力比之战

队交锋,而卡修斯在两三英里外迎战马克·安东尼。布鲁特斯在他所在的战区大获全胜,他的军队击溃了屋大维的部队并占领了他们的营地。士兵们冲进屋大维的营帐,拿起长矛不停地刺向担架,他们以为重病的将军就躺在担架上。但他们满腔的仇恨并没有找对发泄的对象。就在几分钟前屋大维已被护卫抬走了,没有人知道这一切。

然而,下面特别提及的这个人就没那么顺利了,在卡修斯这边战场上,情况完全不同。布鲁特斯打败敌人后回到高地上的营地里,他朝下看惊奇地发现卡修斯营地里的帐篷不见了。一些官兵在帐篷所在地堆起一堆看起来像武器的东西,这些东西在阳光下发出耀眼的光芒。

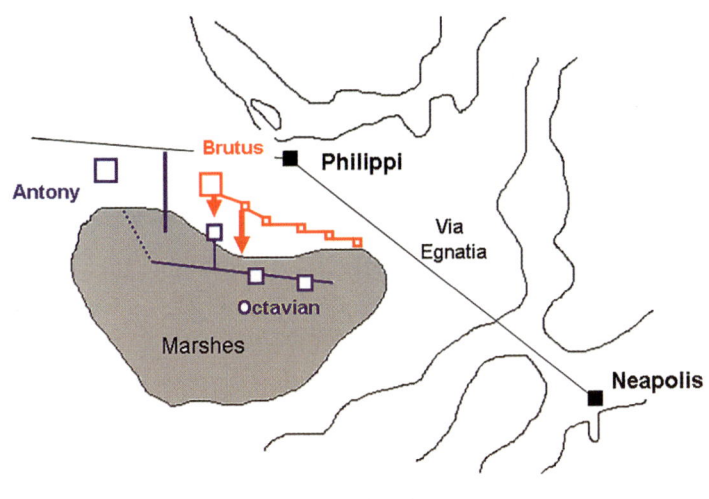

腓力比之战示意图

199

这时，布鲁特斯意识到卡修斯的部队战败了，营地已被敌人占领了。布鲁特斯立刻召集手下所有的力量，去解救他的同伴。最后，布鲁特斯发现卡修斯逃到了一小块高地上，想靠地势保护自己。此时，卡修斯身后只有几名随从。卡修斯看到布鲁斯特派的骑兵团向他靠近，还以为是马克·安东尼的小分队来追捕他了，于是派信使下山打探来者是敌是友。这位叫泰提尼乌斯的信使下山去迎接骑兵团。骑兵团的战士认出了泰提尼乌斯，战士们急切地上前围住泰提尼乌斯，并下马告诉他现在已经安全了，还向他询问战斗结果和主帅的情况。

卡修斯看到了这一切，但看得不是十分清楚。卡修斯误以为骑兵团是敌军，现在包围了泰提尼乌斯，要杀死或抓走他。卡修斯认为现在一切都完了，已经到了执行预定计划的时候了。他叫了一名叫潘达洛斯的随从跟着他进了帐篷。当布鲁特斯带着骑兵赶来，走进帐篷后，却发现帐篷里没有活人。他们只看到了卡修斯的尸体，卡修斯的头被砍掉了。从那以后，没人再见过潘达洛斯。

布鲁特斯因同伴的死悲痛不已。从此之后，军中事务的决策权都落到布鲁特斯一个人手上，他承担起双份的责任，付出双倍的操劳。布鲁特斯发现自己面临重重危机，形势也越来越窘迫。最终，他被迫再次发起战争。

第九章 腓力比之战

这场战争的细节就不展开描绘了，然而，尽管布鲁特斯已经做出最大的努力保存部队的战斗力，拼命坚守阵地，但最终还是无法抵抗敌人的攻势，败下阵来。布鲁特斯的事业也遭到了彻底的毁灭。

当布鲁特斯发现一切无法挽回时，只好跟着一小队卫兵离开战场。他们从敌人防守最弱的一侧突破，从而撤离。但一支骑兵部队对他们穷追不舍，因为这些骑兵一心想擒获布鲁特斯。在危急关头，布鲁特斯的朋友卢西鲁斯心生一计：由自己假扮布鲁特斯，向敌人投降，做俘虏。这一计划奏效了。当敌军追上来时，卢西鲁斯大喊自己就是布鲁特斯，请敌人手下留情，并乞求对方饶自己不死，让对方带自己回去面见马克·安东尼。敌军照他的话做了，并为获得了一个有价值的战俘而欣喜若狂。

与此同时，真正的布鲁特斯继续逃亡。布鲁特斯趟过了一条小河，进入一个山谷。山谷被陡峭的岩石包围，这里有树木遮盖，是个藏身的好地方。布鲁特斯带着几个朋友和一些军官一起逃亡。很快，夜幕降临，他躺在一块平滑的岩石下休息。由于体力不支加上心理负担，此时布鲁特斯已经筋疲力尽。他抬头仰望天空，用希腊诗人的诗句诅咒他的敌人受到上帝公平的审判。他认为此时敌人取得的胜利是以国家毁灭为代价的。

接着布鲁特斯在痛苦与绝望中想起了几个他亲眼看见在战场上倒下的朋友，布鲁特斯沉痛哀悼他们。这时，天色越来越暗，大家藏在荒郊野外。一群人十分落魄，没有栖身之处，又饿又渴，疲惫不堪。这里既不能休息，也没有食物。最后，他们派一名士兵偷偷跑回到撤退途中路过的小溪取水。因为没有器皿，士兵只好拿头盔装水。当布鲁特斯正在饮用取回来的水时，他们听到有响声传来。两名军官被派去查明原因。他们很快回来报告说有一队敌人在对面驻扎。两名军官问起刚才取回来的水呢，布鲁特斯告诉他们水已被自己喝光，但他可以立刻派人去再取一些，于是，一名士兵又奉命前往河边。但这一次他很快就回来了，并且伤痕累累、鲜血直流。士兵报告说敌人正在向这个方向靠近，自己勉强捡了条命逃回来。这个消息让布鲁特斯一行人更加忧虑。很明显，他们在这里已无逃生的希望，必须马上从此地撤离。

这时，一个叫斯塔提里乌斯的军官提议派他在敌人布下的天罗地网中寻求出路。斯塔提里乌斯说自己先去探路，在探路过程中会小心地避开敌人，希望能趁夜色掩护找到一条退路。如果成功的话，他会在远处的一块高地上点燃火把，山谷中的人群一旦看到火光就可以确

逃亡中的布鲁特斯和随从

信他是安全的。然后他会返回，引领大家沿着他找到的路走出险境。

这个计划得到了大家的赞同，于是斯塔提里乌斯出发。一段时间后，人们看到远处指定的地方有火光出现，他们推断斯塔提里乌斯已成功地完成了任务。布鲁特斯和他的随行人员心中又燃起了希望，他们为此欢欣鼓舞，开始急切地期待斯塔提里乌斯返回。他们观察、等待了很久，但斯塔提里乌斯始终没有再出现。事实上，斯塔提里乌斯在返回的路上已被拦截杀害。

最终斯塔提里乌斯返回的希望破灭了。当这些郁闷的逃亡者失望地商讨对策时，一些人提出不能再留在原地，要不顾一切危险逃离此地。布鲁特斯说："是的，我们确实要走出困境，但我们要用手来实现这件事，而不是用脚去实现。"他说这话的意思是现在要躲避敌人唯一的方法是自杀。当朋友们明白了他的意图，并且知道他也会在自己身上实施这个方案时，大家都陷入了巨大的悲痛之中。布鲁特斯拉起他们的手，向他们做最后的告别。他感谢大家向他效忠，并且还坚持到最后。布鲁特斯说大家的忠诚和真心带给他巨大的安慰和满足。他又说"我并不怨天尤人。我仅为这个不幸的国家感到悲哀。而对我个人而言，我认为即使是现在，我的状况

第九章 腓力比之战

也比我的敌人好。就算我死了，子孙后代也一定会还我公道，我将会因为我的美德和正直流芳百世。而他们虽然活着，但最终只能收获不公和独裁的苦果。"

布鲁特斯继续对朋友们说："我死后，就不要再想我，你们照顾好自己。我相信马克·安东尼会因为我和卡修斯的死而感到满足。他将不会再报复、追杀你们。争取以最好的方式和他和解。"

然后布鲁特斯请求朋友们帮他完成最后的任务。他似乎已经考虑好如何结束自己的生命。但他的朋友说这个任务太残忍，他们无法下手。最后布鲁特斯把一位叫斯特拉图的老朋友拉到一边，使其远离其他人，布鲁特斯再三恳求斯特拉图帮忙，他乞求斯特拉图拔出剑帮他一把。斯特拉图又一次拒绝了他。然后布鲁特斯招来一名奴隶。看到这一幕，斯特拉图说他做什么都可以就是不能容忍布鲁特斯死在一个奴隶手里。于是，他右手拿起剑伸向空中，或许是不愿意看见可怕的场景，他用左手蒙住自己的眼睛。布鲁特斯向剑锋冲过去，力量之大足以致命，随即布鲁特斯倒地毙命。

就这样，宏大、著名的腓力比战争结束了。这场战争的结束也意味着关于恺撒的敌友之战告一段落了，这具有重大历史意义。恺撒死后的这场战争让世界陷入巨大的动荡之中。战争也确立了马克·安东尼的地位,使他一时之间成为世界上名声最显赫的男人,而埃及艳后成了世界上最引人注目的女人。

第十章

埃及艳后与马克·安东尼

精彩看点

埃及艳后支持马克·安东尼的事业——埃及艳后的动机——马克·安东尼的早期生活——马克·安东尼的性格——马克·安东尼的习惯——马克·安东尼的衣着和举止——马克·安东尼的放纵——公众的谴责——恶习——朝中人选——马克·安东尼的过分行为——马克·安东尼骗走了马尔库斯·埃米利乌斯·勒皮达斯的军队——马克·安东尼的婚姻——富尔维亚的个性——富尔维亚对马克·安东尼的影响——突然回家——马克·安东尼性格的变化——马克·安东尼的慷慨——布鲁特斯的葬礼——马克·安东尼的行动——马克·安东尼接见埃及艳后——信使狄力阿斯——埃及艳后决定与马克·安东尼见面——埃及艳后的准备——埃及艳后进入塞德纳斯河——埃及艳后气派的游船——迷人的场景——马克·安东尼的邀请被拒——埃及艳后接待马克·安东尼——埃及艳后的大方——珍珠的故事——富尔维亚的地位——富尔维亚的焦虑和痛苦——马克·安东尼去罗马的目的——马克·安东尼的计划被埃及艳后破坏——马克·安东尼动摇——宴会和狂欢——菲洛塔斯——八只野猪的故事——马克·安东尼的儿子——喋喋不休的客人——难题——归还金银器皿——与身份不符的享乐——伪装的马克·安东尼和埃及艳后——垂钓——计策——富尔维亚逼夫回家——马克·安东尼离开——埃及艳后的懊恼

在上一章介绍的内战中，埃及艳后不顾布鲁特斯和卡修斯的请求坚定地支持马克·安东尼的事业，她这一举动有多大程度是出于对恺撒的感激，又有多大程度是出于对马克·安东尼好感，这个问题需要读者自己斟酌。多年前，埃及艳后还是一位少女，她曾经在马克·安东尼出访埃及时与他邂逅。毫无疑问，埃及艳后了解马克·安东尼的性格。从某种角度看，马克·安东尼的这种性格特别容易激发女性的想象力，对后期的埃及艳后这样热情、冲动、大胆的女性来说更是如此。

马克·安东尼凭借狂野古怪的举止、不计后果的做事方式以及事业生涯中不同寻常的起起伏伏，成为世人关注的焦点。从道德层面上看，马克·安东尼极其腐化、堕落。如上文所述，马克·安东尼早期沉迷于穷奢极欲的生活中，使他的生活变得毫无希望、一塌糊涂。马克·安东尼的事业很有可能一败涂地,但他这种人总是拥有让人着迷的魔力。依靠这份魔力他成功地赢得了一个财大气粗的年轻人——库里奥的支持。库里奥做了马克·安东尼一段时间的债务担保人,因此马克·安东尼的命运才得以发生变化。然而,马克·安东尼很快失去了从前享有的资源,后来他不得不离开罗马,过了几年穷困潦倒的逃亡生活。之后马克·安东尼在事业上经历了起起落落,但无论何时,只要手里有钱,他都会大手大脚地花钱。这种习惯有时甚至被当作慷慨。在战场上,马克·安东尼总是把战利品分给手下的士兵,自己什么都不留。这使马克·安东尼手下的士兵对他十分忠诚,士兵们把马克·安东尼奢侈浪费的行为当成一种美德,甚至连那些没有从马克·安东尼那里获得直接利益的人也是这样认为的。军中流传着许多马克·安东尼慷慨解囊的故事,这些故事都证明了马克·安东尼漠视钱财的脾性。其中有些故事显得荒谬可笑,但无一例外的是,每个故事都有些反常、奇特。

马克·安东尼的生活习惯也和其他人大为不同。马克·安东尼自称是赫拉克勒斯的后裔,并以此为荣。马克·安东尼的穿衣风格和整体气质都和这位个性粗野的"先祖"保持一致。马克·安东尼五官棱角分明,拱形

一枚古罗马时期的货币,左边为马克·安东尼,右边为埃及艳后

鼻梁异常突出，他还蓄长发、留长胡，事实上，他任由头发和胡子自然生长，从不修剪。他的面庞给人一种狂野、凶狠的感觉。如果用当时的审美观来评判，马克·安东尼的穿衣风格只会让人觉得粗俗、野蛮、放荡不羁。

马克·安东尼的举止仪态也和外貌风格完全一致。他习惯于和手下的士兵打成一片，他们之间是一种自然、随性的关系，他们常常一起在野外饮酒作乐、嬉笑喧闹。马克·安东尼强大的自控力和不顾一切的勇气使他可以顺利地完成一切事。他的这些品质让士兵们从心底里敬佩这位统帅。对于普通领导者来说，和下属过于亲密也许是致命的缺点，但对马克·安东尼而言，却是一种保持威望的有效方式。

在马克·安东尼事业最辉煌的时候——恺撒离世不久的那段时间，马克·安东尼沉迷于与最开放、无耻的人混在一起的生活。马克·安东尼身边常常是逗乐小丑、杂耍演员、江湖骗子、戏子艺人，以及其他社会最底层的声名狼藉的人。经常和马克·安东尼待在一起的人里大多数都是唱歌、跳舞的年轻女子，她们貌美如花，在各自的行当中表现非凡，但个个都放荡、堕落。即使在那样开放的国家和时代，民众也无法容忍马克·安东尼的做法，因此处处充满了强烈的谴责声。的确，当时民

第十章 埃及艳后与马克·安东尼

众都是异教徒,但我们不能误认为只有基督教徒才会有抵制堕落行为的道德意识。在人类的本能意识中,有一种自然法则规定性关系只应存在于一男一女之间,而这对男女应该是丈夫与妻子,另外,这种关系具有强烈的排他性。世界上或许从来没有存在过如此堕落的社会,这样的社会能够容忍像马克·安东尼这样的人肆无忌惮、胡作非为。马克·安东尼的是非观不会排斥这些恶行,因此周围人的谴责不会使他有所顾忌。

然而,世人总是倾向于容忍伟人的罪行。对于马克·安东尼这样身份高贵的人,人们在评价时总是持特殊标准。即使是在由选举产生高官显贵的国家,为了让候选人取得权力、巩固地位,那些助选者会通过舆论压制各种对候选人个人品行的质疑,通过给这些质疑冠上"不相关""不合适"的名义否定这些质疑。而那些成功取得权力的人在身居高位时总是享有普通人无法享受的豁免权。

尽管马克·安东尼的地位和权力可以做"挡箭牌"替他抵挡公众的抨击,但他过度放纵的行为引起了公众强烈、普遍的谴责,最终使"挡箭牌"失去了作用。马克·安东尼每天晚上狂欢作乐,第二天跟跟跄跄地在大街上招摇过市。有时,他会喝到酩酊大醉,然后出现在商业交易的裁决法庭，最后他的朋友不得不将他扶走。当马克·安东尼在罗马邻国巡游时，总会带上一群臭名昭著的旅伴，毫不羞耻地和他们一起旅行。在旅行中，马克·安东尼会带上一位叫凯瑟瑞达的女演员，她常常被人用轿子抬着出现在旅行队列中。他的随行队伍会带着大量的金银餐具、精美桌椅以及无数美酒佳肴以便在旅途随时中举办欢庆盛宴。有时，马克·安东尼会在路边停下，下令支起帐篷，架起锅灶，让厨师准备丰盛的宴席，然后让人摆开桌子，举行一场奢华的宴会，宴会高昂的成本、巨大的规模、隆重的程度会让人惊叹于马克·安东尼携带的奢侈物品的数量巨大，准备周全。而且，他总是为制造惊喜做出一些让人意想不到的事情，似乎这样可以获得一种特别的愉悦感。比如，一次，为了出风头，他让人给狮子套上挽具，为自己拉车、驮行李。

尽管马克·安东尼在罗马纵情声色，对其他事掉以轻心。但在军营和战场上没有人比他更能忍受艰难困苦。事实上，他在国外面对困难和危险时那无所顾忌的劲头就和在国内挥金如土时表现出的劲头一样猛。恺撒被杀之后，在他和屋大维和马尔库斯·埃米利乌斯·勒皮达斯两人斗争期间，有一次路过阿尔卑斯山，他在没有充分准备物资和交通工具的情况下，打算凭着一贯的鲁莽

第十章 埃及艳后与马克·安东尼

草率的性子穿越阿尔卑斯山。在路上,他的部队遭受了物资极度匮乏的状况。他们不得不用树根和野草充饥,最后连树皮也拿来充饥,即使这样还是不可避免地挨饿。但马克·安东尼好像对一切都不在乎,继续不断突破关口,化解险情,自始至终他的勇气丝毫没有减弱并且他对结果表现出毫不在意的态度。在一次战役中,马克·安东尼发现士兵人数大大减少,部队日渐衰弱,眼看着就要陷入绝境。在这种情况下,他产生了一个最异乎寻常的想法:他只身前往马尔库斯·埃米利乌斯·勒皮达斯的军营,在马尔库斯·埃米利乌斯·勒皮达斯的眼皮底下诱走他手下的士兵。这个大胆的计划最终成功了。马克·安东尼穿着一件破袍子,一头蓬乱的头发披在肩头,拖着及胸的长须独自来到马尔库斯·埃米利乌斯·勒皮达斯的防线前。认识马克·安东尼的战士都欢呼着上前迎接他,同情他的悲惨处境,并认真听他讲话。马尔库斯·埃米利乌斯·勒皮达斯不能攻击他,因为当时马尔库斯·埃米利乌斯·勒皮达斯和马克·安东尼是同一支军队中两个互相竞争的指挥官,还没有公开对立。马尔库斯·埃米利乌斯·勒皮达斯只好命吹号手吹响号角,制造噪音阻止士兵听马克·安东尼讲话。号角声打断了谈话,士兵立刻用女性的衣服装扮了其中的两个人,然后让他们去协助安东尼召集士兵。同时,他们还说只要马克·安东尼发话,他们就会去杀掉马尔库斯·埃米利乌斯·勒皮达斯。马克·安东尼让他们不要伤害马尔库斯·埃米利乌斯·勒皮达斯。然而,马克·安东尼查探并占领了马尔库斯·埃米利乌斯·勒皮达斯的军营,夺取了军队指挥权。马克·安东尼对马尔库斯·埃米利乌斯·勒皮达斯以礼相待,把他留在身边,让他为自己效劳。

恺撒死后不久,马克·安东尼就成婚了。他的妻子叫富尔维亚。她和马克·安东尼结婚时是一名寡妇,此女个性鲜明,性格坚毅。在结婚之前她一直过着放荡不羁的生活。但她在婚后对新丈夫产生了强烈的依赖,并且全心全意、忠心耿耿地对待他。很快,富尔维亚就在马克·安东尼心里获得了重要地位,并且在很大程度上使马克·安东尼改变了处事方式和性格、脾气。富尔维亚是一位有野心和抱负的女性,她做了很多努力,最终成功地帮助丈夫提升了地位和扩张了势力。她似乎也因为能控制丈夫而感到无比满足、自豪。她的成功让世人惊讶。让所有人感到不可思议的是,像马克·安东尼这样一位野兽般的人物竟能被人征服。富尔维亚能控制丈夫并非凭借温柔贤淑的性格。相反,她个性倔强,充满男子气概,她能够控制马克·安东尼似乎是因为在使用

第十章 埃及艳后与马克·安东尼

斗争手段方面她比马克·安东尼更为聪明。事实上,并不是富尔维亚来劝慰、安抚马克·安东尼,反而是富尔维亚迫使马克·安东尼不得不借助计谋来软化、抚慰她。一次,马克·安东尼在战场上遭遇危险后返回,他把自己打扮成信使的样子,手里拿着信件,趁夜色回到家中。马克·安东尼让人把全身包裹得严严实实的他领到富尔维亚的房间中,接着他向富尔维亚递上一封伪造的信件,说是富尔维亚的丈夫写的。当富尔维亚激动、慌张地打开信时,马克·安东尼卸掉了伪装,紧紧把富尔维亚搂在怀中,亲吻她,这让富尔维亚惊讶不已。

马克·安东尼的妻子富尔维亚

马克·安东尼和富尔维亚的婚姻不仅在一定程度上改变了马克·安东尼的道德观,而且让他的举止变得温柔、文明了。他的穿着打扮和仪容也和以前大不相同。恺撒死后,马克·安东尼的政治地位迅速提升,之前他为提高地位采用的笼络人心的技巧已经没有存在的必要,他将它们逐一抛弃。在罗马,马克·安东尼过着奢华、高调的生活。离开罗马置身战场时,马克·安东尼开始像罗马的其他将军一样讲排场,极力炫耀装备和军营。

尽管马克·安东尼十恶不赦,但他对敌人非常慷慨。在上一章谈到的腓力比之战后,当布鲁特斯的死讯一传入马克·安东尼的耳中,他就立刻来到死亡现场,当他看到布鲁特斯的尸体后,他十分震惊,并且非常关注。马克·安东尼把披风解下来盖在尸体上。这件披风华丽、昂贵,上面有很多价值不菲的装饰物。然后,马克·安东尼命令手下一位军官为死者准备盛大的葬礼以寄托对死者的哀思。按规定,军官应该在仪式上把马克·安东尼的那件披风和尸体一起焚烧,但这位军官并没有这样做。这件披风非常值钱,于是军官把它私藏了,同时,这位军官还侵吞了一大部分筹办葬礼的钱。他认为马克·安东尼对自己顽敌的葬礼安排事务不会特别关注,也不会特意询问。然而,马克·安东尼偏偏调查了葬礼

第十章 埃及艳后与马克·安东尼

的细节,在了解了军官的所作所为后,马克·安东尼立刻下令将其处死。

腓力比战役之后,各方军队中发生了一系列的变动,也发生了一些政治运动,我们就不在这里详述。我们只需知道马克·安东尼在战役结束后还在继续向东挺进,穿过小亚细亚,于第二年进入西里西亚。在西里西亚,马克·安东尼派信使到埃及向埃及艳后传旨,唤她去见他。马克·安东尼说有人控告埃及艳后,罪名是在后半段的战事中,埃及艳后没有向马克·安东尼提供援助,反而帮助了卡修斯和布鲁特斯。是否真的存在这样的控告,是否这只是马克·安东尼想见埃及艳后而编造的托词我们不得而知,但我们知道当时埃及艳后的美色早已声名远扬。无论出于什么原因,总之马克·安东尼要求召见女王。马克·安东尼派了一位叫狄力阿斯的信使去完成这项任务。此时,马克·安东尼的妻子富尔维亚并没有陪伴他,当时在罗马。

狄力阿斯到达埃及,来到埃及艳后的宫廷中。女王当时大约二十八岁,但据说她比以前更有风韵。狄力阿斯被埃及艳后的美貌、嗓音和谈吐中散发出的魅力深深震撼。古代传记作者都认为埃及艳后的这些特质是她魅力中最令人着迷的部分。狄力阿斯告诉埃及艳后不必惧

埃及艳后

怕马克·安东尼，那些关于她的控告根本不重要。只要埃及艳后出现在马克·安东尼面前，用不了几天，她一定会获得他的好感。狄力阿斯说埃及艳后可能很快就会对马克·安东尼产生巨大影响。因此，狄力阿斯建议埃及艳后放下顾虑，大胆前往西里西亚，尽可能在盛大而气派的场面中出现在马克·安东尼面前。狄力阿斯保证事情一定会像自己说的那样发展下去。

埃及艳后决定采纳建议。事实上，再次去征服世界上最伟大的统帅、最有权力的君主的这个想法激发了她热烈而冲动的想象。埃及艳后立刻着手准备航行。为了让自己以最华丽的方式出场，她动用了王国的所有资源，比如昂贵的华服、丰富的美食、珠宝金银饰品以及为马克·安东尼准备的各种名贵礼物。她还亲自挑选了一批随从。总之，埃及艳后为这次盛大而气派的出行做足了准备。在准备工作如火如荼地进行着的时候，埃及艳后不断收到马克·安东尼传来的信息，催促她尽快动身。但她对此置之不理，很明显她不愿受制于人，她打算自己支配时间。

当然，最终一切就绪，埃及艳后扬帆启航。她穿过地中海，进入塞德纳斯河入海口。当时，马克·安东尼正在塔尔索。这座城市在塞德纳斯河河畔，离入海口不

第十章 埃及艳后与马克·安东尼

远。当船队驶入河道后,埃及艳后登上一艘豪华游船,这艘游船是专门为这次出行建造的,装修之精美、气势之壮观达到了前所未有的地步,埃及艳后的船队就这样漂洋过海来到此地。船身有精美的雕花和各种装饰物,而且被精心地镀了金。船帆是紫色的,船桨上刻有花纹,桨的顶端是镀着银。埃及艳后站在一把由金线缝制的华盖下出现在游船甲板上。她身着盛装,装扮成美神维纳斯的样子。埃及艳后被一群英俊的男孩和年轻貌美的女孩围绕着。男孩们装扮得像丘比特,张开翅膀为她扇风,女孩则打扮成仙女的样子。甲板上有乐师演奏,船员们和着音乐节奏划桨。尽管音乐轻柔,但随着这艘美丽的游船不断前行,优美的乐声依旧可以穿越水面,传到岸上。乐手们演奏长笛、里尔琴、古提琴等各种当时常见的乐器,乐曲悠扬动听、令人陶醉。

事实上,整个场景好似梦境一般。游船靠岸的消息很快传开,城民们都纷纷涌向河岸,他们无比羡慕地注视着游船,等它慢慢向岸边靠近。在船队到达之时,马克·安东尼正在宫殿中忙着进行某项裁决,但人们都跑去看埃及艳后和游船,这位伟大的执政官被晾在那里,或者说他身边如果还有随从的话,那也仅仅只有几个。埃及艳后登陆后开始在河边支起帐篷。马克·安东尼派使者前去欢迎埃及艳后,并邀请她过去与他小酌。埃及艳后婉拒了,说马克·安东尼过来和她饮酒才更得体。埃及艳后说期待马克·安东尼光临,她的帐篷会为接待马克·安东尼做好准备。马克·安东尼听从了她的提议,前来赴宴。他受到了盛大、奢华的接待,其场面令他惊讶不已。行酒作乐的帐篷和亭子在万点的灯光中熠熠生辉。这些装饰灯布置巧妙、富有美感,璀璨的效果令人震惊。桌子上摆满了各种佳肴美酒,金盘银碗,埃及艳后和随从身着华丽的绫罗锦缎,这一切让人觉得如临仙境,令人陶醉。

第二天,马克·安东尼回请埃及艳后。尽管他竭尽所能想把宴会办得和埃及艳后招待他的宴会一样奢华,但最终他彻底失败了,马克·安东尼不仅承认埃及艳后完全超越了他,而且在两次会面中他已被这个女人深深吸引。马克·安东尼折服于埃及艳后的美貌、智慧以及才艺。更重要的是,埃及艳后一见面就向马克·安东尼大胆、干练地表现出优越感,而且表现得相当得体、机敏、不失冷静。马克·安东尼几乎立刻就把心交给了埃及艳后,任其摆布。

埃及艳后靠手段要求马克·安东尼处死她的妹妹阿尔西诺伊四世。阿尔西诺伊四世为给恺撒的凯旋式锦上

马克·安东尼与埃及艳后

埃及艳后

添花被带到罗马,之后她回到亚洲过着流亡的生活。埃及艳后也许是还未放下复仇情绪,也许是出于对未来的担忧,她一心想把妹妹置于死地。马克·安东尼爽快地答应了她的请求。于是,马克·安东尼派了一名手下去寻找这位不幸的公主。阿尔西诺伊四世藏在一座神庙里,她原本以为神庙是宗教圣地,纵有再大的仇恨也没人敢闯入神庙做违背教义的事。但马克·安东尼的手下在神庙里找到阿尔西诺伊四世并在此杀害了她。

埃及艳后在塔尔索待了一段时间,那时她整日纵情享乐,毫不避讳和马克·安东尼的亲密关系。她和马克·安东尼整日整夜大摆宴席、狂欢作乐。这些欢宴,尤其是埃及艳后举办的宴会的奢华程度可称得上世界奇迹。埃及艳后通过展示自己的财富和挥霍无度的生活方式让马克·安东尼吃惊不已,她似乎也能从中获得一份别样的快乐和满足。在一次宴会上,马克·安东尼对到处摆放的镶了宝石的金杯大为惊叹,埃及艳后说:"噢,这根本不算什么,如果你喜欢,尽管拿走好了。"她一边这样说一边吩咐仆人把金杯都搬到马克·安东尼的房子里。第二天,埃及艳后设宴款待马克·安东尼和他的部队以及朝廷要员,这一次桌子上又摆满了新的金银器皿,甚至比前一天更多、更华丽。在晚饭即将结束时,

第十章 埃及艳后与马克·安东尼

埃及艳后把宴会上所有的宝贝都分给了前来参加宴会的客人。还有一次,在宴席上,埃及艳后竭尽所能把炫耀的本事发挥到了极致。她将自己一副价值不菲的珍珠耳环取下来,扔进一杯醋中溶解,然后,像当时很多人那样把溶液当成饮品,端起杯子一饮而尽。当她准备继续用另一颗珍珠如法炮制时,有人阻止了她,拿走了珍珠。

马克·安东尼整天忙于和埃及艳后寻欢作乐,完全忘记处理公务,国家陷入了混乱。那段时间,富尔维亚一直待在意大利。富尔维亚的地位和性格使她获得了相当重要的政治影响力。在富尔维亚管辖的区域内,她以强有力的方式发挥着自己的影响力,维持着丈夫的事业和利益。当时富尔维亚身陷多重困难和危险,这里就不再赘述。她不停地给马克·安东尼写信,恳求马克·安东尼回罗马,她在信中表达了一个妻子在那种处境下的不安和忧郁。一想到丈夫被那样一个女子用魅惑手段勾引,一想到丈夫为一个妖妇抛妻弃家,一想到马克·安东尼现在对以前极其关注的国家大事漠然置之,任国家陷入混乱,富尔维亚就抓狂到近乎疯掉。最终,由于情况紧急,马克·安东尼不得不决定返回。马克·安东尼拆除塔尔索的军营,往南行进,向当时重要的军港、海军基地提尔转移。埃及艳后跟着马克·安东尼来到提尔,

埃及艳后

他们本打算在那里兵分两路,一个返回埃及,一个返回罗马。

但这只是马克·安东尼的计划,并非埃及艳后的打算。埃及艳后下定决心要让马克·安东尼和她一起回亚历山大港。正如她的计划,当马克·安东尼要做决定的那一天到来时,她用恭维与眼泪展开了猛烈的攻击。马克·安东尼最终完全屈服,埃及艳后如愿以偿。在爱情和抱负以及责任之间挣扎了一段时间后,马克·安东尼还是选择了爱情,放弃了其他东西,追随埃及艳后到亚历山大港。马克·安东尼在亚历山大港度过了冬天,和埃及艳后一起沉溺于声色犬马。他们挥金如土追求享乐,堕落到令人发指的地步。

在亚历山大港,整个冬天,马克·安东尼挥霍无度、无节制地沉迷于埃及艳后的美色中。埃及艳后也完全将身心交付于马克·安东尼,日日夜夜,埃及艳后总是想方设法用新鲜的享乐方式填满每一刻,让马克·安东尼无暇想念妻子,也无暇去倾听良心的谴责。马克·安东尼完全向埃及艳后臣服,心甘情愿地任由她摆布,马克·安东尼只关注埃及艳后制定的各种各样寻欢作乐的计划。在城中,他们各自拥有住处,这些住处都需要耗费大量的资金维护。他们约定轮流去对方的住处去做客,

第十章　埃及艳后与马克·安东尼

相互拜访时的活动无非是游戏、比赛、表演、宴饮，他们恣意妄为、行为放肆、不受约束。

那时，君主私生活的消息都是通过特殊渠道传开的。其中有一件事能让我们见识马克·安东尼宫中的生活状况。事情好像是这样的，亚历山大港有一位年轻的医学生叫菲洛塔斯，不知他通过何种方式结识了马克·安东尼的家佣，也就是马克·安东尼府上的一个厨子。有一天，菲洛塔斯跟着厨子进宫见世面。厨子带菲洛塔斯来到后厨，后厨的景象让他十分惊讶。厨房里除了琳琅满目、花样繁多的菜品之外，火上还同时烤着八只野猪，这些猪有些已熟，有些还半生，成色不一。菲洛塔斯问今天是否有重要的人物要来用餐。厨子对这个问题报以微笑，他说根本没有大人物要来，这只不过是马克·安东尼的一次普通宴会而已。厨子接着解释："但我们必须准备几顿饭，相继在不同时辰做好相应的准备。因为没有人会告诉你他们会要求什么时间开饭。有时，饭菜已经端上桌，马克·安东尼和埃及艳后会因为忙于其他高兴事儿而不上桌吃饭，这时我们就得把饭菜撤下，过一会儿再重新上新的。"

在亚历山大港，马克·安东尼带着一个儿子，那是富尔维亚生的孩子。这个儿子随父亲，也叫安东尼。当时他已经长大，有了自己的判断力。他对父亲玩忽职守的行为感到羞愧，对母亲的权力和名誉表现出敬意。但另一方面，他父亲又是他效仿的对象，他的行为和马克·安东尼一样鲁莽，并且喜欢挥霍。经过一段时间后，上文提到过的菲洛塔斯在小安东尼府上谋得了一个职位，因此菲洛塔斯就有机会经常和他的主人坐在一张桌子上欢聊、畅饮。小安东尼讲过一件事情，有一次，正当他们大摆宴席时，来了一位客人，此人是名医生，极其虚荣、自负，说起话来滔滔不绝，完全不给别人插嘴的机会。大家的谈话兴致都因他喋喋不休而被破坏。最后，菲洛塔斯用一个古人的逻辑问题把医生难倒了，使医生沉默了许久。小安东尼对菲洛塔斯的做法十分满意，于是把桌上所有金银器皿都赐给菲洛塔斯，并派人给他送回家。宴会结束后，小安东尼让菲洛塔斯在这些物件上都盖上自己的标志印章，然后锁起来。

下面是菲洛塔斯难倒那位自大的医生的问题。但这个问题有个前提是当时人们认为冷水对于断断续续的发烧是非常危险，只有在某些特殊的情况下，冷水会对退烧起作用。菲洛塔斯的问题是："在某些情况下，给发烧打寒战的病人用水降温是最好的治疗方式，而所有发烧的病例都属于某些情况。因此就是说给所有的病人用

第十章 埃及艳后与马克·安东尼

水降温都是最好的方式。"菲洛塔斯摆出了自己的推理论证过程,以此挑战医生让他指出其中的错误。当这位医生坐在那里一脸茫然、迷惑不解、理不清头绪时,大家都为能在聒噪声中享受片刻的宁静感到愉快。

宴会结束后,菲洛塔斯说担心保存这些金银器皿会有危险,于是后来他又把这些物件送了回去。小安东尼说也许这样做是对的,因为这些金银器皿大多数都是罕见的古代工艺品,他的父亲或许有一天会想起它们,并询问它们的去处。

马克·安东尼和埃及艳后无节制地沉溺于享乐中,另外他们野蛮、道德沦丧的行为也没有下限。有时,在狂欢作乐了几小时后的午夜时分,马克·安东尼会把自己乔装打扮成奴隶的样子,趁着酒劲儿冲到大街上寻找新的冒险。埃及艳后也会装扮成类似的形象和他一起出去。为了取悦埃及艳后和自己,马克·安东尼会在这样的冒险活动中让自己卷入各种各样的麻烦和危险中,比如街头骚乱、酒后闹事或者和下层民众发生激烈的口角。之后,这些冒险故事会在百姓中流传,一些人会因为这位怪异的来访者随意而自由的性格对其产生崇拜。而另一些人则会鄙视他,他们认为,一个统帅怎能堕落到这种地步。

马克·安东尼和埃及艳后追求享乐的方式本身也许并没有问题。但他们完全无视生活中的重要事务，将重大责任都移交给了朝中其他人。而自己却在尼罗河畔游玩，在港口水面上、城市周边的乡村度假地举行狂欢聚会。一次，他们在港口乘船举行垂钓会，马克·安东尼总是钓不上鱼，他不愿让埃及艳后觉得他运气不好，于是秘密安排渔夫潜下水在水底悄无声息地把鱼绑在鱼钩上，他认为这样做不会被人察觉。通过这样的方式马克·安东尼很快就钓上了又大又肥的鱼。但埃及艳后是一个聪明人，这样的伎俩很难轻易地骗过她。她看穿了马克·安东尼的花招，却装作什么也没看见。相反，她对马克·安东尼的"好运"表露出异常惊喜的情绪，对他高超的钓鱼技术表示惊讶。

第二天，埃及艳后提议去钓鱼，于是按照前一天的方式安排了垂钓会。但这一次她事先悄悄打发另一位渔夫到市场上去买了一条咸鱼，让他潜入水中见机行事，吩咐他在马克·安东尼派的人下水之前把咸鱼绑在马克·安东尼的鱼钩上。这个计划成功了，马克·安东尼在兴致高涨的众人的注视下，拉上来一条"完美"的鱼——一条腌制过的鱼。并且大家都知道这是在市场上买的进口货，因为这种鱼产自小亚细亚。所有船只及附

第十章　埃及艳后与马克·安东尼

近的水面上顿时回荡起了欢声笑语。

就在马克·安东尼在亚历山大港追求这种低级、罪恶的享乐时,他的妻子富尔维亚,在用尽各种方式劝诱丈夫回归无果后,想到了一个孤注一掷的做法。富尔维亚设计挑起了一场战争,她认为这样就能逼迫丈夫回来。富尔维亚拥有超常的精力、强大的影响力以及过人的才干,这些使她能有效地促成此事。富尔维亚组织了一支部队,在建好营地后,她亲自上阵,并把这对马克·安东尼的事业构成威胁的情报传给了她的丈夫,马克·安

埃及艳后

231

东尼大惊失色。同时，在小亚细亚发生了灾难性事件的消息也传来，在马克·安东尼控制的几个省里发生了大规模的暴动。马克·安东尼明白他必须从迷惑他的魔咒中清醒过来，离开埃及艳后，否则他将被彻底毁灭，毫无退路。于是，马克·安东尼不顾一切，努力让自己解脱出来。他告别女王，匆忙登上舰船，起航向提尔方向驶去，留下埃及艳后在宫殿中独自生气。

第十一章

阿克提姆之战

精彩看点

马克·安东尼的困惑——邂逅富尔维亚——与富尔维亚会面——马克·安东尼与屋大维和解——奥克塔维娅——奥克塔维娅与马克·安东尼成婚——奥克塔维娅对马克·安东尼和屋大维的影响——奥克塔维娅为马克·安东尼辩解——马克·安东尼性格的影响——西顿之行——士兵的痛苦经历——埃及艳后到来——埃及艳后带来补给——奥克塔维娅为马克·安东尼求情——马克·安东尼重整旗鼓——埃及艳后的警告——埃及艳后的手段——埃及艳后的密使——密使在马克·安东尼面前的表现——埃及艳后取得胜利——马克·安东尼给奥克塔维娅的信——奥克塔维娅的牺牲——对马克·安东尼的愤恨——埃及艳后出手相助——卡尼迪雅斯受贿——卡尼迪雅斯对埃及艳后的建议——萨默斯岛的战舰——马克·安东尼沉溺于声色犬马——马克·安东尼和埃及艳后在雅典——对马克·安东尼的指控——马克·安东尼玩忽职守——舰队集合——议会决议——埃及艳后的愿望——阿克提姆之战——埃及艳后逃走——马克·安东尼追随埃及艳后——马克·安东尼登上埃及艳后的船——马克·安东尼被追赶——恶战——为父报仇——马克·安东尼的痛苦——埃及艳后躲避马克·安东尼——抵达提纳鲁斯——马克·安东尼和埃及艳后逃往埃及

上一章介绍了埃及艳后和马克·安东尼分开前的情况。之后两三年，埃及艳后没了马克·安东尼的消息。在这两三年间，马克·安东尼卷入了重重困难和危险中，经历了很多一时之间难以说清的重大事件。这段时间，马克·安东尼的生活跌宕起伏，他心中充满了对过去的悔恨和对未来的焦虑。在提尔登陆时，马克·安东尼十分纠结，他不知道到底是去小亚细亚还是去罗马，当时这两个地方都迫切地需要他。由富尔维亚引发的那场战争起因于富尔维亚的丈夫——马克·安东尼与屋大维之间的利益冲突。马克·安东尼对由于富尔维亚处事不当最终引发战争极其不满。后来，马克·安东尼和富尔维亚在雅典碰面。富尔维亚深居城内，病入膏肓，这是身体素质方面导致的，更是长期以来焦虑、烦恼、痛苦的结果。这是一次很不愉快的会面，任何一方都没有对对方施以半点怜悯之情。在狠狠地指责了富尔维亚一番后，马克·安东尼粗鲁、急切地离开了。不久后，富尔维亚抑郁而终。

从后来发生的事看，富尔维亚的死对于马克·安东尼而言是一件非常有利的事。富尔维亚的死为屋大维与马克·安东尼和解打开了通道。富尔维亚一直都反对屋大维，并积极制定各种计划抵制屋大维。因此，屋大维对富尔维亚也有强烈的敌意，马克·安东尼也受到牵连。如今，富尔维亚死了，从某种程度来讲，和解的通道已打开。

屋大维有个姐姐，叫奥克塔维娅，她是一位叫马凯鲁斯的罗马将军的妻子。奥克塔维娅是一位容貌美丽、才华出众的女性，她的气质与富尔维亚完全不同。富尔维亚用一种令人难以忍受的暴力手段建立并维持与他人的关系。奥克塔维娅则温柔善良、热爱和平。就在马克·安东尼和屋大维准备采取行动和谈判期间，奥克塔维娅的丈夫死了，于是有人提议马克·安东尼和奥克塔维娅联姻，并认为通过联姻可以促成双方和解。双方最终达成一致意见，马克·安东尼也非常乐意用这种简单的方式解决难题。罗马人民和政府明白和平有赖于这两人的让步和合作，于是都迫切期待联姻尽早实现。罗马法律禁止女性在丈夫去世后短时间内再婚，当时奥克塔维娅还

奥克塔维娅

处于禁婚阶段。但罗马人认为任何障碍都不应该阻止联姻，此事不应推延，为了万众期待的联姻，罗马人专门修改了法律，最终，马克·安东尼和奥克塔维娅结婚了。于是罗马帝国被分为两部分，屋大维接管罗马西部，罗马东部则分给了马克·安东尼。

想让马克·安东尼对这位美丽、温柔的新妻子产生强烈的爱意是不太可能的。实际上，对于马克·安东尼这样流连于声色犬马的男人而言，到此时，已经很难对谁产生纯粹、强烈的依恋了。但马克·安东尼对奥克塔维娅带给他的新鲜感感到满足，一时之间忘了失去埃及艳后的痛苦。马克·安东尼在奥克塔维娅身边待了一年，然后离开奥克塔维娅开始征战沙场。征战开始后，两人时聚时散。这期间，奥克塔维娅在马克·安东尼和屋大维之间发挥着积极、有益的作用。奥克塔维娅化解了双方的敌意，解开两人的疑虑和嫉恨，甚至有一次，就在双方剑拔弩张时，奥克塔维娅通过勇敢而又温和谦逊的方式努力促成双方和解。这次危机发生时，奥克塔维娅和马克·安东尼都在希腊，但她说服马克·安东尼送她去弟弟所在地罗马，奥克塔维娅说她相信自己可以解决这迫在眉睫的危机。马克·安东尼让她去了。到了罗马，奥克塔维娅设法与屋大维在其两名政府要员的陪同下会

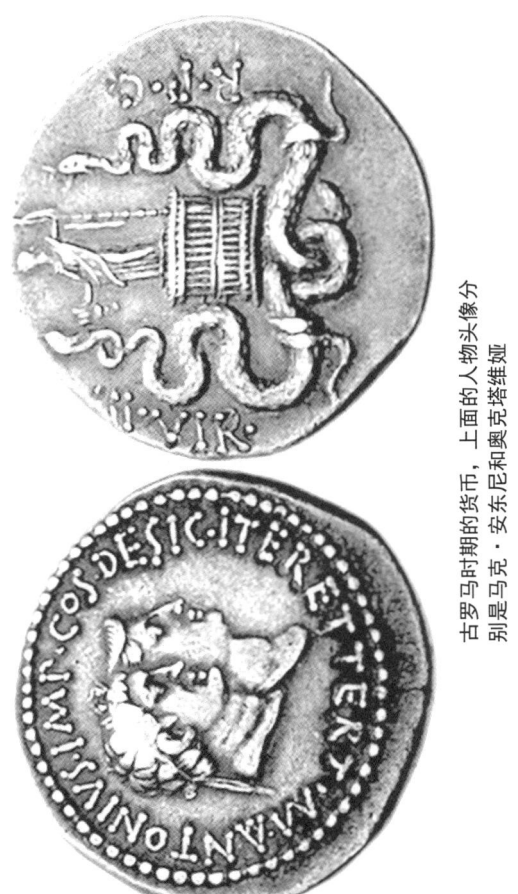

古罗马时期的货币,上面的人物头像分别是马克·安东尼和奥克塔维娅

面。奥克塔维娅声泪俱下地为马克·安东尼求情,为自己丈夫的行为辩白,奥克塔维娅就一些对屋大维不利的事做出解释,恳求弟弟不要轻举妄动,不要把她这个最幸福的女人变成最不幸的女人。奥克塔维娅说:"为我考虑一下吧!全世界都看着我。世界上最强大的两个人,一个是我的丈夫,一个是我的兄弟。一旦你听从那些不负责任的言论而发动战争,我的生活就彻底毁了,因为无论你们哪一方被打败,无论是我的丈夫还是我的兄弟,我的幸福都将不复存在。"

屋大维和姐姐的感情很深,他被姐姐恳切的言语打动。于是,屋大维同意与马克·安东尼会面,从而判断他们之间的矛盾是否可以被解决。会面如期进行。双方来到一条河边,分别从河流的两岸乘船向对方靠近,最后在河中央会面。在会面中,双方存在的争议都得以解决,至少是暂时、圆满地解决了。

但过了一段时间,马克·安东尼渐渐对奥克塔维娅失去了兴趣,他十分想念埃及艳后。于是,马克·安东尼假意要料理帝国事务,将奥克塔维娅留在罗马,只身前往东部地区。但实际上,马克·安东尼去了亚历山大港,并和埃及艳后重修旧好。

屋大维对此愤愤不平,奥克塔维娅遭受的不公再次

第十一章 阿克提姆之战

激起了屋大维心中那一度被姐姐的善良平息的针对马克·安东尼的敌意,这种敌意甚至上升到了仇恨的程度。与此同时,从感情方面来看,罗马人民也反对马克·安东尼。有人写了讽刺文章反对他,嘲讽他和埃及艳后,强烈谴责他的行为。所有人都喜爱奥克塔维娅,人们对她的同情也与日俱增,这种同情逐渐上升为对马克·安东尼的愤恨,因为马克·安东尼居然对温柔善良、富有同情心的奥克塔维娅做出如此不公之事。

在亚历山大港待了一段时间,在与埃及艳后重修旧好后,马克·安东尼再次离开。他穿过红海来到小亚细亚,旨在开展一场急迫的军事行动。马克·安东尼本打算速战速决,以便早日回到埃及,但马克·安东尼发现他一刻也离不开埃及艳后,因为他满脑子都是埃及艳后和自己在埃及度过的快乐时光。他渴望见到埃及艳后,甚至根本无法在军中坚守职责。马克·安东尼变得犹豫不决、效率低下、玩忽职守,他所做的每件事几乎都以失败告终。部下对于造成马克·安东尼举棋不定的状态和恶劣后果的原因心知肚明,他们对马克·安东尼极为不满,军营上下谣言四起、怨声载道。但马克·安东尼和所有为情所困的人一样,对大家表现出来的不满浑然不觉,也有可能是他看到了这一切,只是选择视而不见。最终,当马克・安东尼发现他再也无法忍受情人不在身边的情况时，便在冬季最寒冷的时候启程，穿越整个国家，来到海边。在此之前他就派人告诉埃及艳后到指定地点与他会合。在行进过程中，部队遭受了艰难困苦和物资匮乏的情况。其中一次，在部队开拔之际，马克・安东尼显得急不可耐，对部队行进速度的要求超过了士兵们体力所能承受的极限。这些士兵，既没有可以挡风遮雨的帐篷，也没有足够的辎重物资。白天经历了漫长、疲惫的行军之后，夜间却不得不在山间的开阔地带宿营，常常食不果腹、衣不蔽体，无处躲避冰冷的雨和肆虐的风雪。此次行军，八千士兵死于寒冷、疲惫以及物资匮乏。对于这个狂热又没有耐心的情人而言，这种牺牲恐怕也是前所未有的了。

马克・安东尼到达红海边后继续前行至西顿附近的一个港口，这里也是埃及艳后登陆的地方。在马克・安东尼抵达时，军队损失惨重，为数不多幸存下来的士兵处境凄惨，他们一无所有。随着埃及艳后预计抵达的时间越来越近，马克・安东尼坐立不安，越来越急切。埃及艳后并未在马克・安东尼期待的时间内及时到达。在等待埃及艳后这段时间里，马克・安东尼似乎在爱情、忧伤的双重煎熬下日渐憔悴了。他一言不发、心不在焉、

第十一章 阿克提姆之战

忧伤满目。除了等待埃及艳后到来，他的脑海里空无一物，对其他所有安排都感到索然无味。马克·安东尼不断期盼埃及艳后出现，甚至有时会在晚餐席间离开，独自来到海边，凝望着大海喃喃自语："为什么她还不来？"在军中，马克·安东尼的种种行为早已引起公愤，但被爱情冲昏头脑的马克·安东尼选择无视众人的反对，依然我行我素，一门心思沉浸在对埃及艳后的思念中。

埃及艳后终于来了，为马克·安东尼的军队带来了大量衣物和其他供给。埃及艳后的到来，不仅满足了马克·安东尼对爱情的期望，就当时的困境而言，他终于获得了喘息的机会。

马克·安东尼享受了和埃及艳后团聚的快乐之后，开始着手解决国家事务。这些事情都是十分紧急的事，让他不得不关注。与此同时，奥克塔维娅还在罗马等马克·安东尼。奥克塔维娅忧心忡忡、焦虑不安。丈夫的风流韵事引起的不堪传言，丈夫迷恋埃及艳后引发的让人感到羞耻的风言风语，时不时传到奥克塔维娅那里。奥克塔维娅下定决心要通过最后一搏挽回马克·安东尼。她请求屋大维允许她召集军队、募集物资，然后向东部进发去支援马克·安东尼。屋大维答应了她的请求。实际上，正是屋大维帮奥克塔维娅做好了准备。据说，屋大维坚定地相信，奥克塔维娅此次伟大的救夫行动必定失败，而且罗马人民对马克·安东尼比以前任何时候都失望，他们笃定马克·安东尼必将走向毁灭。

无论屋大维的动机如何，奥克塔维娅都非常欣慰，因为屋大维用行动帮了她。于是，奥克塔维娅召集了一支庞大的部队，募集了大量钱财、衣物、帐篷和其他军需储备。一切就绪，奥克塔维娅离开意大利向海上进发，她还提前派信使告诉马克·安东尼她即将到来。

埃及艳后担心会再次失去马克·安东尼，于是，再次施展在这种情形下惯用的手段，从而确保继续控制马克·安东尼。埃及艳后什么也没说，时常流露出因某种难以启齿的原因而难过、悲伤、憔悴的神情，仿佛承受着巨大压力和焦虑时还强颜欢笑。马克·安东尼走近时，埃及艳后会因他的出现喜出望外，并满怀深情地凝视着他。当马克·安东尼不在她身边时，她总是沉默不语、萎靡不振，整日以泪洗面。埃及艳后用心良苦，终有一天她要让马克·安东尼知道她承受的无法言说的悲伤、痛苦，也要让他明白，这一切既出于对马克·安东尼的爱，也出于知道马克·安东尼要离开后自己觉察到的危险。

埃及艳后的朋友和密使把一切都报告给马克·安东尼，而且为了让马克·安东尼更迷恋埃及艳后，他们直

第十一章 阿克提姆之战

接给马克·安东尼提出建议,他们大言不惭地说,比起奥克塔维娅,埃及艳后对马克·安东尼无尽的爱情才是至高无上的。奥克塔维娅虽是马克·安东尼的妻子,但只是最近才发生的事。而埃及艳后多年来对马克·安东尼不离不弃。他们还说马克·安东尼娶奥克塔维娅并非因为爱,不过是出于政治目的,想讨好屋大维,进而与屋大维结盟。但埃及艳后是出于对马克·安东尼无法遏制的爱慕,才完完全全、无条件地将自己以及自己的一切都交给马克·安东尼。为了马克·安东尼,埃及艳后失去了好名声,失去了臣民的热爱,让自己成为众矢之的。现在,埃及艳后远离故土,在马克·安东尼危难之际陪伴左右。考虑埃及艳后为马克·安东尼所做的一切、承受的一切、牺牲的一切,若是马克·安东尼此时抛弃埃及艳后,对埃及艳后来说是极其残忍、不公的。埃及艳后无法承受马克·安东尼抛弃她的痛苦,她的身心都在马克·安东尼身上,离开马克·安东尼,埃及艳后必将郁郁而终。

　　这些复杂的情况让马克·安东尼倍感压力、不知所措。马克·安东尼的责任、欲望、野心,以及发布命令和政策时的深谋远虑都要求他立刻离开埃及艳后去见奥克塔维娅。但马克·安东尼无法摆脱他身上的强大魔咒,最后还是向埃及艳后的悲伤和眼泪屈服了。马克·安东尼派信使通知已抵达希腊雅典的奥克塔维娅不要继续前进了。奥克塔维娅似乎没办法对丈夫抱有任何的怨恨或愤怒。她让信使返回询问马克·安东尼该怎么安置她带来的军队、钱财和军需物资。马克·安东尼指示她把它们留在希腊。奥克塔维娅照办后满怀忧伤地回到了罗马。

马克·安东尼的卑劣行径让屋大维怒不可遏。奥克塔维娅一回到罗马,屋大维就派人通知她必须从马克·安东尼的住处搬出来,回他那里去。屋大维说,但凡还有一点儿自尊的话,奥克塔维娅都不应该留在那样一个人家里。奥克塔维娅回应说,她不会离开丈夫家,待在那儿是她的职责,不论丈夫做出怎样的事,她都会留在那里。于是奥克塔维娅回到自己陈旧的房子里,无怨无悔地照料家人和孩子。这些孩子中,有一个小儿子是马克·安东尼和前妻富尔维亚生的。此时此刻,当满怀忧伤的奥克塔维娅回到罗马马克·安东尼的家里全心全意履行母亲和妻子的职责时,马克·安东尼已经和埃及艳后去了亚历山大港再次沉溺于声色犬马中。这位美丽、忠诚的妻子凭借宽广的胸怀赢得了世人的尊敬,但也导致了奥克塔维娅自己也不愿意看到的结果,人们都认为奥克塔维娅对马克·安东尼如此宽宏大量实在不值得,

屋大维的半身雕像

这也激发了人们对马克·安东尼强烈的谴责。

此时，马克·安东尼已经完全把自己交给埃及艳后，甚至在管理罗马帝国东部地区的事务时也是围绕着提升埃及艳后的势力和荣耀展开的。马克·安东尼将亚历山大港作为首都，在那里大肆庆贺，马克·安东尼计划与埃及艳后带着随从队伍到亚洲及叙利亚进行豪华游玩，并把很多领地作为礼物赠给埃及艳后，还将埃及艳后的两个儿子——亚历山大和托勒密十五世视如己出，为提升他们的地位甚至将其官职提拔至最高。这两个儿子也正是在两人第一次见面时出生的。马克·安东尼这一系列行为的后果对他在罗马的角色和地位带来了致命影响。屋大维向罗马元老院和罗马人民汇报了马克·安东尼的情况，并以治理不当和品行不端为由对马克·安东尼进行严厉的指控。马克·安东尼听到屋大维对他的指控，便派人到罗马指控屋大维，但马克·安东尼的反击没有任何效果。罗马人强烈而坚定地反对马克·安东尼。屋大维也开始着手备战了。

马克·安东尼觉得自己必须开始备战了。当他满怀热情地制定计划时，埃及艳后加入了计划。马克·安东尼召集军队，组建、武装舰队，并从帝国东部省份和附庸国募集钱财和军需物资。埃及艳后则把埃及所有的资

第十一章 阿克提姆之战

源拿出来任他支配。埃及艳后向马克·安东尼提供了大笔资金和许多产自尼罗河谷的粮食。各地的武器被运至以弗所。马克·安东尼和埃及艳后完成准备工作后,提前到达以弗所,开始接收武器、迎战。

当舰队准备从以弗所出发时,马克·安东尼认为最好让埃及艳后回埃及,然后由他独自带着船队去和屋大维会面。但埃及艳后执意不肯离开。她不敢放手让马克·安东尼自己处理事务,因为她担心马克·安东尼会和屋大维和解,而一旦他们和解,马克·安东尼就会抛弃她回到奥克塔维娅身边。于是埃及艳后想方设法说服马克·安东尼带着她。埃及艳后贿赂了马克·安东尼手下一个叫卡尼迪雅斯的顾问,让他建议马克·安东尼带上她。卡尼迪雅斯收了埃及艳后的钱,摆出一副站在客观立场上的姿态向马克·安东尼谏言,他说如果让埃及艳后回埃及,剥夺她参与这场荣誉之战的权利是没有道理的,因为埃及艳后为这场战争支付了大部分费用。此外,军队里大部分都是埃及人,如果埃及艳后离开了,士气将受挫,埃及士兵打仗时不会像他们的女王在场时那般无畏。更重要的是,埃及艳后不会像女人那样,在军队开拔时需要特别照顾,相反,埃及艳后是一个极好的顾问和参谋。马克·安东尼承认埃及艳后是一个睿智、强大、充满活力的女王，她熟悉指挥军队和管理国家等事务，可以在此次行动中做出实质性的贡献。

马克·安东尼就这样被轻易说服，他最终决定让埃及艳后留在自己身边。

随后马克·安东尼便下令让舰队朝着萨默斯岛前进。在萨默斯岛他们停留了一段时间，等待补给并完善战略部署。在濒临灭亡之际，马克·安东尼仿佛完全被爱情冲昏了头脑。军队在萨默斯等待期间，马克·安东尼没有加紧完善战略计划，也没有为即将到来的激烈战斗做准备，而是整日游玩、狂欢，过着歌舞升平、极其奢侈、风流放荡、荒淫无度的日子。这一点其实并不奇怪。当处于马克·安东尼这样的处境时，几乎所有的男人都想用类似的方式保护自己，免受身体上的折磨，逃避那些随时会恐吓、折磨自己的事情。即使纵情声色，也不一定能驱散徘徊在心头的幽灵。至少马克·安东尼觉得事情的确如此。因此，大批的戏子、杂技演员、小丑和江湖骗子等各种人受命在萨默斯集结，他们热情地为马克·安东尼的宫廷提供娱乐的机会，整个岛屿成了花花世界。看到如此不合时宜的狂欢，人们震惊不已。大家都说出征前就已是这般庆贺，要是真的取胜了，又该用怎样的方式来表达喜悦之情呢？

以弗所遗址

埃及艳后

　　一段时间后，马克·安东尼和埃及艳后带着大量随从离开萨默斯，他们穿越爱琴海，从希腊登陆向雅典进发。但舰队从萨默斯出发向西绕过希腊南部的提纳鲁斯，沿着半岛西海岸一路向北。埃及艳后之所以想去雅典，是有特殊原因的。奥克塔维娅正是在雅典中断了援助马克·安东尼的行程。也正是在雅典，出于对奥克塔维娅悲惨处境的同情和对她面对不幸时表现出来的高贵品格，雅典人民给予了奥克塔维娅极大的关注，并授予她多项荣誉。如今，埃及艳后希望通过向雅典人民展示财富和优于马克·安东尼的权势战胜情敌奥克塔维娅，使奥克塔维娅装腔作势的谦逊相形见绌。即使在这陌生的城市，埃及艳后也不愿让那个因自己受尽委屈的奥克塔维娅在人们心中占有一席之地。埃及艳后招摇过市地向众人展示财富，这么做的目的是竭力抹去那无辜清白的人在人们心中的痕迹。埃及艳后的计划取得了成功。雅典人民惊异于埃及艳后展现出的富丽堂皇的景象。埃及艳后给他们散发大量钱财。作为回报，雅典人给了埃及艳后最高荣誉。他们隆重地派出使者授予埃及艳后荣誉。马克·安东尼本人以雅典公民的身份成了使者之一。埃及艳后在宫殿接见了使团，这次接见仪式也同样令人叹为观止。

雅典城遗址

埃及艳后

也许有人会认为埃及艳后对奥克塔维娅莫须有的敌意到此总算了结了,但并非如此。在雅典期间,毫无疑问,也是在埃及艳后的撺掇下,马克·安东尼派人前往罗马给奥克塔维娅送去休书,并命令她离开他的家。奥克塔维娅照做了,她带着孩子们离开了,哀叹自己悲惨的命运。

东罗马帝国的事情尘埃落定。屋大维那边一直在为即将到来的战争做准备,此时他正带着战船勇猛地穿越地中海。屋大维在罗马元老院和人民的授权下,去剥夺马克·安东尼的权力。马克·安东尼受到种种指控都源于和埃及艳后的不正当关系。马克·安东尼离开罗马前曾写下遗嘱,并将其放在一个神圣的地方,屋大维设法得到遗嘱。当屋大维向保管者索要遗嘱时,他们回答不会把遗嘱给他,但屋大维若执意要拿走,他们也不会阻拦他。于是,屋大维拿走了遗嘱,并在罗马元老院宣读遗嘱。马克·安东尼在遗嘱里面写到,如果他死在罗马,在他死后,他的遗体应被送到亚历山大港交给埃及艳后。这从侧面表明了马克·安东尼对这位埃及女王的忠诚,而身为罗马要员不应如此行事。马克·安东尼同时受到以下控诉:将城邦作为礼物送给埃及艳后;把收藏在帕加马的二十万卷书籍送给埃及艳后,去弥补恺撒不小心

第十一章 阿克提姆之战

烧毁的那些书籍带来的损失；无视埃及艳后两个儿子的出身，抚养并提拔他们在罗马政府任要职；无视作为罗马官员的尊严，为迎合埃及艳后做出不合身份的事情。马克·安东尼一度在主持审判法庭时收到埃及艳后的情书。一旦收到情书，马克·安东尼就会立刻放下手头的事去读情书①。

有时，马克·安东尼在城邦议会上与使节或王公贵族讲话时也会这样做。也许是埃及艳后本性使然，她在这些时候送去的信件，是为了展示自己的影响力。正如屋大维在罗马元老院指控时说的那样，有一次，马克·安东尼正在听一位雄辩家向他汇报一件至关重要事情的发展情况时，埃及艳后正好路过，于是马克·安东尼立刻起身夺门而出，追埃及艳后去了。类似的事情多不胜数，这让马克·安东尼成了众矢之的，他的朋友放弃为他辩护，他的对手如愿以偿。对马克·安东尼的控诉通过了，屋大维得到实施元老院的裁决授权。当马克·安东尼率领军队乘船从萨默斯向西穿过爱琴海时，屋大维正向东沿着亚得里亚海南部向他靠近。

---

① 正如埃及艳后在处理任何与马克·安东尼有关事情上表现出的奢华无度一样，这些信都被刻在了由玛瑙、水晶和其他宝石做成的碑上。——原注

埃及艳后

随着时间的推移，经历各种延误，双方终于在一个叫阿克提姆的地方碰面。打开地图，在希腊北部的伊庇鲁斯西部沿海地带可以发现阿克提姆。战斗双方都拥有强大的海上战舰，而且陆地军队也都装备精良。马克·安东尼的陆军最为强大，但海上力量稍逊屋大维，马克·安东尼也更倾向于留在陆地上展开主要的战斗。但埃及艳后不同意。她敦促马克·安东尼在海上与屋大维对抗。埃及艳后的动机只是为了确保在处于不利局势时有退路。她认为，一旦败北，她可以立刻驾船穿越海洋回亚历山大港，但她不知道，一旦先头部队在陆上遭到打击会发生什么。最有才华的参谋和主要官员都极力建议马克·安东尼不要在海上交战。但马克·安东尼对他们的劝谏充耳不闻。埃及艳后的建议得以通过。战斗打响的那天早晨，战船排成一列，埃及艳后控制了一支由五六十艘装配了桅杆和船帆并且船员齐备的埃及战船组成的分队。埃及艳后为逃跑做了周密部署。埃及艳后留下这些战舰，令其按兵不动，静静地旁观战斗。屋大维的舰队向前行进，攻击他的舰队。士兵们在甲板上用长矛、飞镖以及各种具有破坏性的武器进行打斗。马克·安东尼的军队必须竭力克服自身的不利条件。因为，屋大维的舰队不仅在数量上超过马克·安东尼的舰队，在船

在罗马元老院当众宣读马克·安东尼的遗嘱

埃及艳后

员配额和船只装备上也更完备。这是一场硬仗。但埃及艳后并没有等到战斗结束。由于马克·安东尼的军队并未立刻取得胜利,埃及艳后很快就感到害怕,考虑到战争可能会有不好的结果,埃及艳后最终决定逃跑。埃及艳后下令划桨手全副武装,扬起帆,从忙于交战的战船间穿过。在她通过时所有船只都被搅乱了。埃及艳后终于到达开阔的海上,继续沿着海岸全速向南部行进。马克·安东尼一意识到埃及艳后逃走了,便抛开所有计划,在疯狂的爱情驱使下,紧急召集了一艘五排桨的船,竭力追赶她。

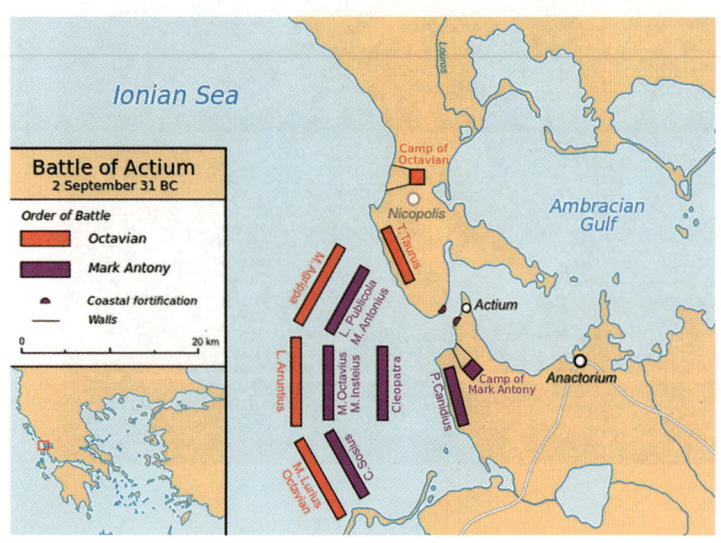

阿克提姆之战示意图

第十一章 阿克提姆之战

埃及艳后站在船尾，看到一艘小船飞驰而来。于是，埃及艳后在船尾发出信号，好让马克·安东尼知道这五十艘船中间他应该向哪艘船驶去。在信号的指引下，马克·安东尼靠近这艘船。士兵们拉着他，帮他上了船。但埃及艳后不见了。羞愧使埃及艳后不知所措，她似乎不敢面对这个她一手成就现在又亲手毁掉的人。马克·安东尼并没有寻找她。他一言不发，来到船头，一个人待在那里，将头深埋在两手间，他目瞪口呆，陷入恐惧与绝望之中。

不过，很快甲板上的警报便让马克·安东尼从恍惚的情绪中清醒过来，敌军在追赶他们的船。马克·安东尼起身，拿上长矛，登上后甲板，他看见多艘全副武装的轻便小船快速追了上来。此时，马克·安东尼暂且抛开情人带来的困扰，并没有下令让桨手们加速逃离，而是掉转船头直面追上来的敌人，靠着勇猛和果决把船开到了敌人中间。一场恶战就此展开。船与船相互碰撞，场面混乱不堪。最后，对方除了一艘船一直在徘徊之外，其余的船只都被击退了。对方的指挥官站在船头，举起长矛，瞄准马克·安东尼，伺机出手。从表情可以看出，指挥官怀着特别强烈的敌意和仇恨。马克·安东尼问他到底是谁，胆敢威胁自己。那个人报出名字，说是为父报仇。原来，这个人的父亲因故被马克·安东尼斩首。

马克·安东尼和这名复仇者展开了激烈的搏斗。最后，复仇者被击败了。这些船，虽然未能生擒马克·安东尼，但也获得了一些战利品。他们放弃追赶，返回了。马克·安东尼也回到了原先的地方，坐在船头，双手掩面，痛苦不堪，万念俱灰。

在不幸与痛苦面前，夫妻往往能从对方身上寻求安慰和支持。但在马克·安东尼和埃及艳后身上，情况却截然不同。风平浪静、繁荣昌盛之时，两人相安无事；大难临头时，两人反目成仇。到头来，两人不是相互安慰、扶持，而是认为对方只会增加自己的烦恼和痛苦。马克·安东尼失望至极，三天的时间里，他和埃及艳后既没见面，也没讲话。埃及艳后懊恼不已又不知所措，她不敢在马克·安东尼如此焦躁不安时接近他。总而言之，马克·安东尼似乎失去了理智。疯狂、恐惧、怒不可遏，这些情绪交替出现在他身上，最终，马克·安东尼再次陷入绝望的深渊。

此时，他们的船队正沿着希腊西海岸全速前进。当他们到达半岛南端提纳鲁斯时，必须停下来为下一步打算。埃及艳后的侍女来到马克·安东尼面前，试图安慰他。她们带了食物，劝马克·安东尼去见埃及艳后。海

罗马时期的货币,上面的人物头像为马克·安东尼

岸沿线各港口的商人在马克·安东尼的船前聚集、待命。他们说马克·安东尼没理由绝望，因为陆军还未被打败，船队也不确定是否已被征服。他们这么做是为了鼓舞指挥官消沉的士气，让他重整旗鼓，但一切都是徒劳的。马克·安东尼一蹶不振。埃及艳后决意返回埃及，马克·安东尼必须同行。马克·安东尼把他的财物分给了贴身随从和朋友，告诉他们如何在与屋大维和解之前隐姓埋名。然后，万念俱灰的马克·安东尼随埃及艳后穿越地中海回到了亚历山大港。

第十二章

埃及艳后之死

精彩看点

马克·安东尼的痴心——埃及艳后对马克·安东尼的影响——对马克·安东尼行为的愤怒——埃及艳后的计谋——马克·安东尼深居简出——法洛斯岛上的小屋——马克·安东尼与埃及艳后和解——狂欢盛宴——埃及艳后收集毒药——毒药试验——马克·安东尼的疑虑——埃及艳后的计谋——角蝰叮咬——埃及艳后之陵——屋大维的部队行进情况——马克·安东尼的建议——屋大维抵达佩鲁斯阿姆——埃及艳后的财物——屋大维的担心——屋大维抵达亚历山大港——突围——不忠的舰队队长——马克·安东尼军队的叛变——马克·安东尼被带到埃及艳后面前——埃及艳后拒绝打开陵门——埃及艳后把马克·安东尼从窗户拉进陵墓——埃及艳后悲痛欲绝——马克·安东尼之死——埃及艳后入狱——埃及艳后的待遇——屋大维占领亚历山大港——马克·安东尼的葬礼——埃及艳后绝食——屋大维的威胁——埃及艳后的愤怒——屋大维被欺骗——埃及艳后的决心——埃及艳后在马克·安东尼墓前哀悼——埃及艳后镇定自若——埃及艳后的晚餐——查米恩之死——旁观者惊讶不已——埃及艳后之死的种种猜测——屋大维的想法——屋大维的胜利

马克·安东尼非比寻常的经历生动地表明不合礼法的爱情终将使人走向毁灭。在普通人中，这样的例子屡见不鲜。马克·安东尼的故事并不比其他人的故事更惊心动魄，但它确实是研究人性最典型的例子。

正如我们看到的那样，年轻时期的马克·安东尼性格粗暴、坚毅，做事果断、鲁莽，似乎不可驯服。马克·安东尼心高气傲、胸怀大志，甚至有点儿不知天高地厚。但就在名利双收、事业如日中天时，马克·安东尼被一个女人驯服了。马克·安东尼被她的魅力折服，将自己完全交给她，心甘情愿任她摆布。这个女人用怨恨和残忍取代了马克·安东尼心中原有的高贵与慷慨。曾经，马克·安东尼激情似火、志向远大，似乎能轻而易举征服全世界。可这个女人却让马克·安东尼的灵魂期待着最为低俗、卑贱和无足轻重的欢愉。这个女人一步步让马克·安东尼失去公众的信任，让他失去同胞的关爱，让他残忍地背弃美丽忠贞的妻子,让他将合法的妻子及家人扫地出门。最终,这个女人让马克·安东尼成了一名最懦弱、可耻的逃兵。其实马克·安东尼自始至终都知道,这个女人在推着他走向耻辱和毁灭,但他完全无法从这无形的枷锁中挣脱。

马克·安东尼在阿克提姆一战中可耻地抛弃了舰队和士兵,这引起了他的帝国范围内广泛、强烈的愤怒。这样的逃跑完全没有任何借口可用。首先,马克·安东尼的主力部队并未受损,甚至舰队都未被打败。另外,尽管主将逃跑,舰队也一直抵抗到夜里,然而最终战败。沮丧的陆军部队失去了抵抗的动力,投降了。在很短的时间内,整个帝国都落入屋大维之手。

此时,埃及艳后和马克·安东尼返回埃及后,俩人惶惶不可终日。埃及艳后制订了一个计划,她打算用船只将她积攒的财富和几个朋友通过苏伊士海峡运往红海方向,她准备在那里登陆。这样一来她就可以往那个方向逃跑,然后在屋大维势力范围之外找一个藏身之所,比如偏远的印度或阿拉伯海岸,实现安全撤退。实际上,埃及艳后已经开始实施这一计划了。她派出一两艘船穿过苏伊士海峡,但一到达目的地,领头的人就被阿拉伯人抓住了,有的被杀,有的被俘。因此,该计划很快被

第十二章 埃及艳后之死

放弃。最终埃及艳后和马克·安东尼决定在亚历山大港组建自己的军队,并尽全力做好准备,准备抵御屋大维入侵。

当马克·安东尼的恐慌渐渐平息之后,他又开始因痛苦和怨恨变得疯狂。马克·安东尼下定决心与埃及艳后及其朋友划清界限,他怀着满腔愤怒准备在法洛斯岛上一处偏远僻静的地方建隐居之所。马克·安东尼在此居住了一段时间,诅咒着自己滑稽、可怜的命运,咒骂着所有与之相关的人。马克·安东尼的部下相继叛变;属于他的希腊和小亚细亚诸省不断陷落;屋大维势不可挡,眼看即将征服全世界。这些消息如洪水般不断涌来,马克·安东尼的愤怒和仇恨也与日俱增。

终于,马克·安东尼厌倦了遁世独处。于是,他与埃及艳后达成和解,回到城里。在那里,马克·安东尼又和埃及艳后一起,将他们剩下的钱财拿出来,重新过上了奢靡的生活,他们试图通过纵情狂欢消解心头的悔恨与担忧,但一切都是徒劳。他们与那些纵酒狂欢的人一样放荡不羁,竭力伪装和掩饰他们的焦虑。但他们并未如愿以偿。屋大维正在步步逼近,他们知道决战的日子很快就要到来,在这世界上没有什么地方可以躲避屋大维的报复。

埃及艳后对自己的命运有不祥的预感，她沉迷于研究各种毒药，她的研究不是理论上的，而是实践操作层面上的。她在可怜的囚犯和俘虏身上做实验，逼迫他们服下毒药，就为了让自己和马克·安东尼看到药效。埃及艳后尽全力收集了大量毒药，并将毒药分门别类，分出立竿见影的、慢性发作的、最痛苦的以及仅仅让人不省人事的，从而知道怎样以最轻的痛苦来结束性命。这些实验不只是一些能放入食物或饮料中的植物或矿物毒药。埃及艳后也收集了各种动物，她让它们叮咬囚犯和俘虏，然后观察结果。埃及艳后做实验，并非是将获得的知识用在实践，她只不过是为了转移注意力，供马克·安东尼和客人消遣。那些受害者痛苦到身体扭曲，他们哭喊、抽搐。然而，受害者在死亡边缘挣扎时的扭曲姿态，恰好满足了埃及艳后的消遣需求。

在埃及艳后可怕的试验中，马克·安东尼并没有得到放松。马克·安东尼对埃及艳后愚蠢、幼稚的疯狂状态产生了嫉妒、怀疑、不信任。他非常担心有一天埃及艳后会暗地里毒死他，所以不论是吃饭还是喝酒，他都要让她先尝一口。终于，有一天，埃及艳后在花朵上涂上毒药，然后把花朵编进马克·安东尼吃晚饭时佩戴的花冠里。晚宴期间，埃及艳后摘下自己花冠上的花瓣，

埃及艳后的宴会

玩笑似地把花瓣放进酒里面，并提议马克·安东尼也这样做，说这样会让酒变得别有风味。马克·安东尼立刻回应了她的提议。就在马克·安东尼要喝下毒酒时，埃及艳后抓住他的手腕，告诉他花瓣有毒。埃及艳后说："你看，你这样防备我根本就是徒劳的。没有你，我也能活下去，要杀你真的是轻而易举的事。"然后，为了证明她的话，埃及艳后命仆人喝下马克·安东尼的酒。仆人照做了，很快就带着巨大的痛苦死在他们面前。

埃及艳后做的关于毒药药性的实验并非完全没有实际用处。据说，她从实验中发现，角蝰咬伤是最直接、最不痛苦的置人于死地的方法。对她而言，角蝰的毒液似乎可以让她进入一种昏昏欲睡的状态，然后在感觉不到痛苦的时候很快死去。埃及艳后好像是有意记住这一点，以备将来之需。

这个时候的埃及艳后已渐渐感到万念俱灰，她忙着在亚历山大港一个神圣的地方为自己建造陵墓。这座陵墓实际上在多年前就已经开始建了，根据埃及的传统，要在君王在世期间为自己建造并装饰陵墓。现在，埃及艳后将兴趣转到陵墓上。陵墓完工后，埃及艳后安装了最坚硬的门闩和栅栏。一言以蔽之，她似乎从各方面为死做准备。

第十二章 埃及艳后之死

此时，屋大维已经将原先属于马克·安东尼的领地收归己有。从小亚细亚到叙利亚，从叙利亚到埃及，屋大维一路高歌猛进，没有遇到任何抵抗。就在屋大维即将进军亚历山大港时，为了避免迫在眉睫的战乱，马克·安东尼和埃及艳后派使团去跟屋大维讲和。马克·安东尼提出愿意放弃一切，唯一的条件就是让他和埃及艳后退隐到雅典，在那里平静地度过余生，并让他们的孩子继承埃及王位。屋大维回复说，他可以满足埃及艳后的一切要求，但不会和马克·安东尼达成任何协议。从屋大维处来的使者私下见了埃及艳后。这让马克·安东尼嫉妒、愤怒，他让人把这个可怜的使者打得遍体鳞伤，然后送到屋大维那里，并放言如果屋大维因为仆人受到惩罚而不快的话，可以鞭打马克·安东尼的仆人。

最终，佩鲁斯阿姆落入屋大维手中的消息传到了亚历山大港。马克·安东尼和埃及艳后很清楚屋大维接下来就要打到亚历山大城门了。不论是马克·安东尼还是埃及艳后，对屋大维的攻势都束手无策，他们无处可逃。在惊恐不安中，他们只能等待不可避免的厄运降临。

埃及艳后把所有的财宝都收集起来送入陵墓。这些财宝包括价值连城的金银财宝、服饰、武器、精致的手工艺品和埃及国王世代流传下来的物品。埃及艳后还在陵墓里放了大量的亚麻布、绳子、火把以及其他易燃物品。她将这些东西放在陵墓底层，决定孤注一掷。她宁可与财宝同归于尽，也不愿让它们落在罗马人手中。

此时，屋大维正在穿过佩鲁斯阿姆的沙漠，不断向亚历山大港靠近。在路上，屋大维从亚历山大港城里的探子那里了解到埃及艳后已做好安排，打算摧毁那些可能落在自己手里的财宝。屋大维极其不愿那些珍宝被毁。这些珍宝，除了它们本身所具有的价值外，更重要的意义在于屋大维想把这些东西作为战利品带回罗马。于是屋大维向埃及艳后送去密信，试图离间她和马克·安东尼，说自己把她当作朋友，不想她受到任何的伤害，他只是来追捕马克·安东尼一个人。屋大维不断挺进，这些谈判也是不间断地进行着。终于，罗马军队来到了亚历山大港，将之围了个水泄不通。

屋大维刚在亚历山大港的城墙下安营扎寨，马克·安东尼就组织了一次突围，他的部队士气昂扬，取得了胜利。作为一支精锐部队的头领，马克·安东尼从大门突袭，攻击了屋大维的骑兵部队，并成功地将骑兵部队击溃。但很快马克·安东尼就遭到反攻，被迫退回城内，他边撤退边攻击追兵。这一成功突围让马克·安东尼洋洋得意。马克·安东尼兴高采烈地来见埃及艳后，将她拥入

马克·安东尼

怀中并亲吻她。当时,马克·安东尼全副武装,不停地向埃及艳后炫耀自己的战功。他表扬了与他并肩作战的将领,并将他们带到埃及艳后面前。埃及艳后将一副金子做的盔甲奖赏给了精锐部队的队长。尽管受到如此奖赏,但这个人当天夜里就背叛了马克·安东尼,投向敌营。马克·安东尼的所有部下几乎都心怀不轨,要是能找到机会,他们都希望投靠屋大维。

决战打响之前,结局已注定。马克·安东尼这方一艘战舰上的士兵集体叛逃,归顺于屋大维一方。到马克·安东尼部署行动当天,他就只剩下一支陆军——他仅存的全部力量。起初马克·安东尼站在制高点观察敌军动向以及港口的动静。他看到甲板上有动静。这是他的士兵要去和泊在不远处的屋大维的船只汇合。马克·安东尼原本以为他的舰队准备给敌人迎头痛击,所以他在一旁观察,静候佳音。双方相遇时,马克·安东尼惊愕不已,因为眼前没有发生恶战,此时,他看到双方用传统的旗语相互致意。然后,他的船悄然绕过去,在对方的舰队中找到位置。两支舰队合二为一。

马克·安东尼立刻觉得是埃及艳后背叛了自己。他认为是埃及艳后与屋大维和解了,条件之一就是交出这支舰队。马克·安东尼奔跑着穿城而过,大喊着有人背

第十二章 埃及艳后之死

叛他，在暴怒之下，他在宫里四处寻找埃及艳后。此时，埃及艳后带着一两个随从逃到了陵墓里，命人闩上门，并在门上钉了木板，用事先就准备好的门闩把锁扣固定。然后她打发人从门口喊话说她已经在墓里自杀了。

马克·安东尼听到埃及艳后死的消息后，他的愤怒转化为悲痛和绝望。最初，激情澎湃、不可一世；现在，反复无常，马克·安东尼完全失控了。他痛哭流涕，言语中包含着极度悲痛和哀伤的感觉，这并非是因为埃及艳后的死让他悲伤，而是他明白自己不久也将随埃及艳后而去，他意识到，在预见事业走向毁灭时，埃及艳后表现出的勇气远超自己。

此时，马克·安东尼在宫殿的卧室里。无论逃到哪里，他都要站在火炉边，因为早晨很冷。他有一个极信任的仆人叫艾洛斯。很久之前，马克·安东尼就让艾洛斯发誓，无论何时，只要他想死，艾洛斯都要杀了他。现在，马克·安东尼把艾洛斯叫到身边，告诉艾洛斯时候到了。于是，他命艾洛斯拿起剑杀了他。

当马克·安东尼在艾洛斯面前站起来时，艾洛斯拿起了剑。艾洛斯扭过头，似乎不愿看到自己即将做的事。然而，艾洛斯并没有刺向他的主人，而是把剑插进了自己的胸膛，艾洛斯倒在马克·安东尼的脚下，死了。

马克·安东尼看着这一切,震惊不已,他说:"至高无上的艾洛斯,感谢你做的一切。你为我树立了榜样,我必须亲自完成你不能为我做的事。"说着,马克·安东尼拿起仆人手中的剑,插入自己的身体,他挣扎了几下,倒在旁边的一张小床上。这次受伤是致命的。

但马克·安东尼倒在床上的姿势给伤口形成了一定压力,暂时止住了伤口流出的鲜血。马克·安东尼慢慢恢复了意识,他哀求周围的人拿起剑结束他的痛苦。但没人愿意这样做。他躺在那里,痛苦不堪,哀号不已。终于有人来到房间,告诉他埃及艳后没死,她还活着,她把自己关在墓穴里,渴望能跟他见面。这个消息让马克·安东尼感到激动、不安。他恳求旁边的人带他去陵墓,让他在死之前再见她一面。于是这些人扶着奄奄一息的马克·安东尼向墓穴走去,他的血洒了一地。

但埃及艳后不愿意开门让他们进来。由于屋大维的入侵,这座城市因恐慌变得混乱不堪,埃及艳后不知道自己将面临怎样的情形。因此,埃及艳后来到一个高处的窗口,放下去一根绳子和链条,让他们把快死的马克·安东尼绑好,这样一来,她和两个女仆就可以把他拉上来了。他们这样做了。目击者说,这是世间最可怜的一幅场景了:埃及艳后和两个仆人竭尽全力把流血不

艾洛斯把剑插进了自己的胸膛

止、痛苦不堪的马克·安东尼往上拉，快接近窗口时，他无力伸手让人把他拉进去。这几个女人的力气不足以把他拉上来。她们一度想要放弃了。但埃及艳后尽可能地伸出窗外，抓住了马克·安东尼的胳膊。她们拼尽全力，终于把马克·安东尼拉了进来。她们把他置于窗户所在的房间的卧榻上，让他躺下。埃及艳后扭着双手，撕扯着头发，撕心裂肺地痛哭着。她靠着奄奄一息的马克·安东尼哀号着。埃及艳后为马克·安东尼擦洗满是血污的脸，徒劳地想要为他的伤口止血。

马克·安东尼让埃及艳后平静一下，不要为他的命运悲叹。他想喝酒，于是，女仆拿来酒，他一饮而尽。然后，他恳求埃及艳后尽可能地保住自己的性命，哪怕和屋大维达成协议也要活下去。很快，马克·安东尼就咽气了。

马克·安东尼给自己致命一击的消息也传到了屋大维那里，因为当时围观的一个人在马克·安东尼刺伤自己后，毫不犹豫地把剑带给了屋大维，并告诉屋大维他的敌人——马克·安东尼死亡的消息。屋大维立刻想到要控制住埃及艳后。于是，屋大维派使者去见埃及艳后，试图在她的陵墓里进行谈判。埃及艳后通过陵墓缝隙同来者谈判，但不管怎么说，埃及艳后都不肯打开大门。

第十二章 埃及艳后之死

使者如实向屋大维报告了情况。于是，屋大维派了另一个人跟着使者去了，其中一人在下面门口负责吸引埃及艳后和两个女仆的注意力，另一个人则拿着梯子，顺利地从上面的窗户上进去了。女仆的尖叫声让埃及艳后意识到敌人的阴谋得逞了。埃及艳后环顾四周，发现自己上当了，那个人正要过来抓她。她从长袍中拿出一把匕首朝着对方胸口刺去，但就在那一刻，对方抓住了她的手，她没得逞。那个人拿走了匕首，还检查了她长袍里是否还藏有其他武器。

女王被俘的消息传来，屋大维即刻派人严密监视她，既要尽可能地以礼相待，更要仔细观察，尤其不能让她有任何自杀的机会。

此时，屋大维正式占领了亚历山大港，带领部下浩浩荡荡进城，可谓盛况空前。在广场中央的最高处，有一把象征权力、装饰华丽的椅子，屋大维坐在上面，士兵在四周层层把守，亚历山大城的人们汇集在屋大维面前，人们跪在路上，乞求他宽恕并放过这座城市。伟大的征服者慷慨地同意了。

随后，马克·安东尼手下的很多王公贵族和将领也恳求屋大维，希望能拿回他们头领的尸首。但屋大维拒绝了他们的请求，说他不能把马克·安东尼的尸体从埃及艳后身边带走。但屋大维允许埃及艳后按照她的意愿安排马克·安东尼的葬礼，在葬礼上花多少钱，也都随她。于是，埃及艳后便安排并监督完成了马克·安东尼的葬礼，但她没有变得沉着冷静，而是完全沉浸在焦虑和抑郁之中。事实上，埃及艳后长久以来就处于一种无止境的幻想和愤怒之中，她已经完全丧失了理智和自控力。埃及艳后年近四十，尽管风韵犹存，但哭泣、焦虑和绝望让她面容憔悴。总之，比起曾经的她，现在的她不过是一具残破的躯壳。

葬礼进行过程中，埃及艳后发现一切都完了，马克·安东尼永远离开了，她自己也彻底毁了。埃及艳后悲恸不已，她捶胸顿足，疯狂地撕扯自己，绝望到想自杀。很快，她就遍体鳞伤，伤口发炎肿胀，这让她高烧不退，其状惨不忍睹。然后，埃及艳后又想到假装病得比看起来严重，她打算绝食自尽。她开始着手实施这个计划，拒绝了所有药物，也不进食。就这样她坚持了几天。她的仆人将所有情况详细地向屋大维汇报了。屋大维开始怀疑这是埃及艳后的计策。他不想让埃及艳后死，因为他想把埃及艳后带回罗马参加他的凯旋式游行，将她公开示众。于是屋大维命埃及艳后接受治疗和饮食，并用手段威胁埃及艳后服从命令，屋大维以为这些威胁

第十二章 埃及艳后之死

会对埃及艳后有影响。可是，对于一个极度绝望的人而言，还会怕什么威胁吗？除了生命，埃及艳后一无所有，而生命现在也成了她无法承受的负担。还有什么她放不下的东西足以威胁到她呢？

在各种尝试无效后，屋大维忽然想到了埃及艳后的孩子——恺撒之子恺撒里昂、亚历山大、马克·安东尼的孩子克利奥帕特拉·希莲和托勒密·费拉德尔夫斯，他们都还活着。屋大维觉着，在埃及艳后悲惨无望的内心深处也许还残存着些许母性的温柔，或许可以以此来刺激埃及艳后活下去。于是他传话给埃及艳后，如果她继续拒绝治疗和进食，他就把她的孩子都杀掉。

这个威胁奏效了。疯狂、绝望的病人终于平静下来，她开始进食，接受治疗。接受治疗后，她的伤口开始愈合，高烧退去，身体开始慢慢恢复。

屋大维看到埃及艳后平静下来，渐渐恢复了。于是，屋大维决定去见她。关押她的房间在墓穴上层。当屋大维进入房间时，他看到埃及艳后躺在一张低矮简陋的床上，境况极其凄惨，屋大维看到这番景象，甚是震惊。埃及艳后已经完全失去了理智。屋大维进来的时候，埃及艳后跳下床，半裸着身体，浑身是伤，她哀号着爬到屋大维脚下。她的头发脱落了，四肢变形，身上到处缠着绷带，绷带下似乎还有更严重的伤。即使是这样的形象，从埃及艳后沉陷的双眼中依稀可以看到她当年的风韵，她的声音依然带着一种不可言说的魅力，这也正是她在巅峰时期最为鲜明的特征。屋大维把她扶到床上让她躺好。

然后，埃及艳后开始为自己先前的所作所为辩解，她将所有的过错都推到马克·安东尼身上。屋大维打断了她，并为马克·安东尼辩解，说马克·安东尼的过错并不比她的过错多。于是，埃及艳后马上变了口气，开始数落自己的罪状，恳求原谅。她乞求屋大维原谅并放过她，因为现在的她惧怕死亡，已不像先前那样认为死亡是一种恩惠。在埃及艳后心里，先前的种种焦虑和愤怒都已被恐惧代替。为了与屋大维和解，埃及艳后列出了一个私人财产清单，将它呈给屋大维，说那是她所有的财产。但旁边一个叫泽路库斯的财务官向屋大维报告说清单不完整。泽路库斯说埃及艳后已经将几件极为珍贵的宝物藏了起来，并没有列到清单上。

这个指控暴露了埃及艳后的心口不一，这让她气急败坏。埃及艳后从床上跳起来，疯狂地攻击她的仆人。屋大维和在场的其他人强行使埃及艳后再次躺下。她躺了下来，不停抱怨自己的处境，此时此刻还要受到仆人

第十二章 埃及艳后之死

的羞辱。她说如果她私藏了任何东西,那也是准备送给知心朋友的礼物,为的是让他们更卖力地为她在屋大维面前说情。屋大维劝她不要为这些事情担忧,他会将她私藏的东西给她,并许诺会以最尊敬、礼貌的方式待她。

屋大维对这次拜访的结果很满意。很显然,对他来说,埃及艳后已经不想死了,相反的,她现在希望自己能活着。这样一来,屋大维就可以顺利地带她到罗马去为自己的凯旋式增加亮点。于是,屋大维做好开拔准备,并通知埃及艳后三天后出发,到时带着她的孩子,前往叙利亚。屋大维说的是叙利亚,因为他不想用罗马来刺激埃及艳后。但埃及艳后自己很清楚,这趟行程的目的地是她永生都不想去的那个地方。

埃及艳后请求向马克·安东尼的墓做最后的告别。获准之后,她带着花冠和花环和几个随从前往墓地。在墓前,她的情绪再次爆发,情形跟以往一样。埃及艳后大声哭喊着哀悼自己爱人,她在献上花环和花冠之时喃喃自语。埃及艳后按照当时的传统,献上祭品并上香,以寄托哀思。献祭时,埃及艳后说:"亲爱的人,这是我最后的祭品了。我已是阶下囚,他们不让我死,我无法与你同往。他们时刻监视着我,并要把我带向远方,作为他们打败你的战利品,他们要把我展示给众人。亲

埃及艳后用奴隶和侍房做毒药药性试验

屋大维与埃及艳后

爱的马克·安东尼,请你在诸神面前替我求情,因为世间的主宰已将我抛弃。我恳求天神拯救我,让我死在故乡,葬在你的墓旁。"

祭拜仪式结束回到房间时,埃及艳后似乎比往日更加沉着冷静了。她下令那日的晚餐须是豪华盛筵,然后她沐浴更衣,盛装出席。因为她在一段时间内的行为举止已经让屋大维相信她不会再自杀了,他就取消了对她行动的限制,所以她有权做出这些安排。根据埃及艳后的旨意,依着她当女王时的习惯,她还安排了一些娱乐活动。在埃及艳后的仆人中,有两个是她的亲信,既是她久经考验的随从,也是她忠诚的朋友。

晚宴期间,一个拿着篮子的男人试图进去。卫兵问这个男人篮子里装的是什么东西,于是,这个男人将篮子打开,拿起覆盖上面的绿叶,将下面的无花果拿给卫兵看。他说这是给埃及艳后晚餐时用的。士兵们都喜欢无花果的样子,说它们看起来精致、漂亮。这个男人让士兵们拿一些,士兵们拒绝了,但让这个人进去了。晚餐结束后,埃及艳后把其他仆人都打发走,只留下两个心腹。不一会儿,其中一个拿了一封埃及艳后写给屋大维的信,说信必须即刻送到屋大维手中。门口的卫兵立刻派了人前去送信。收到信后,屋大维立刻打开了。这

第十二章 埃及艳后之死

封信是按照当时的惯例写在金属板上的。屋大维发现这是埃及艳后一个简短又急切的请求，显然是在很激动的状态下写成的。埃及艳后请求屋大维原谅她的罪过，并允许她和马克·安东尼合葬。屋大维立刻意识到埃及艳后自杀了。他马上派信使直接去她那里，求证事实，他随后就到。

在大门口，信使发现哨兵都在站岗，并无异样。但当他们进入埃及艳后的房间时，被眼前的一幕震住了。埃及艳后躺在卧榻上，已经死了。她的亲信之一也躺在地上，死了。另一个名叫查米恩的亲信则坐在主人的尸体旁，抚摸着主人，在主人发间插上花，装饰她的王冠。信使看到这一幕，很是惊异，询问查米恩到底怎么回事。查米恩说："没错，就像历代高贵的君王一样，埃及艳后的举动无愧女王的称号。"说着，她便倒在床边，昏了过去，也死了。

周围的人看到眼前的景象都震惊了。让他们困惑不已的是埃及艳后究竟是通过何种方法成功实施了自杀计划的。他们检查了尸体，没有发现任何暴力的痕迹。他们四处查看，屋子既没有武器，也没有任何毒药的踪迹。他们在墙上发现了一些像是动物黏液的痕迹，这些痕迹到窗户那边消失了。他们觉得这可能是角蝰留下的，但

埃及艳后自杀,她死于角蝰的毒液

埃及艳后死后,查米恩为主人装饰王冠

埃及艳后

这条蛇却已不见踪影。他们又仔细检查了尸体，还是没发现任何叮咬的痕迹，只在胳膊上发现了两个几乎看不见的针刺的印子，有人猜测这就是死因。最终，埃及艳后的死成了不解之谜。

随后，关于埃及艳后死因的谣言便在亚历山大港和罗马传开了，但这个谜始终都没有被解开。有人说带着篮子进去的男人在无花果中间藏了一条角蝰，这个男人和埃及艳后之前有个约定，他通过这种方法把角蝰带进去，收到之后，埃及艳后就把蛇放在自己的胳膊上。还有人说，她在头发里藏了一个类似针一样的东西，针尖的顶端涂上了毒药，她用那个针一样的东西自杀了，因此没有留下明显的痕迹。另外一种说法是埃及艳后为了自杀，早就在房间某个地方的一个盒子里藏了一条角蝰，在最后时刻，她用一根金子做的针刺激角蝰，激怒它，然后把它放在身体上让蛇叮咬自己。至于这些说法哪个是真的，没有人知道。人们普遍还是相信埃及艳后是故意让角蝰叮咬而亡的。不计其数的画作和雕塑讲述并纪念这一场景。

屋大维回到罗马，这一行动证实了关于埃及艳后之死的种种假设，同时也表明了屋大维对俘虏欺骗自己而自杀这件事的立场。由于不能在凯旋式的游行中将埃及

带着无花果篮子的男人向埃及艳后献上致命的角蝰

埃及艳后

艳后示众，屋大维下令建一座代表女王的黄金雕像，并在雕像手腕处缠上一条角蝰。凯旋的队伍浩浩荡荡进入罗马城。这座雕像就安排在屋大维的前面。雕像引人注目，这既是不幸的埃及女王最终倒台的象征，也是屋大维的战利品。

附录
专有名词汉英对照

克利奥帕特拉七世	Cleopatra VII
卡诺帕斯	Canopus
泰晤士河	Thames
恺撒大帝	Gaius Julius Caesar
马克·安东尼	Mark Antony
盖乌斯·屋大维	Gaius Octavius
尼罗河	Nile
红海	Red Sea
月亮山脉	Mountains of the Moon
佩罗锡克河	Pelusiac
卡罗皮克河	Canopic
托勒密	Ptolemy
亚历山大港	Alexandrian
尼罗河三角洲	Delta of the Nile
安第斯山脉	Cordillera of the Andes
圣彼得堡	St.Petersburg
亚马孙河	Amazon
新格林纳达	New Grenada
朱庇特-阿蒙神殿	Jupiter Ammon
斯沃	Siweh
佩罗锡克	Pelusiac
佩鲁斯阿姆	Pelusium

埃及艳后

卡罗皮克	Canopic
亚历山大大帝	Alexander the Great
托勒密一世	Ptolemy I
阿尔西诺伊	Arsinoë
腓力二世	Philip II
拉古斯	Lagus
卡里亚	Caria
阿黑大尤斯	Aridaeus
苏萨城	Susa
阿塔卡马	Artacama
托勒密·费拉德尔弗斯	Ptolemy Philadelphia
托勒密·菲斯干	Ptolemy Physcon
塞浦路斯	Cyprus
孟菲提斯	Memphitis
拉塞卢斯	Lathyrus
亚历山大	Alexander
托勒密·奥里斯特	Ptolemy Auletes
特里菲娜	Tryphena
安提俄克	Antioch
塞拉皮斯神殿	Serapion
塞拉皮斯	Serapis
锡诺帕	Sinope
小亚细亚	Asia Minor
索斯特拉特	Sostratus
塞拉皮斯神	god Serapis
塞拉皮斯神殿	Serapion
锡诺帕	Sinope
黑海	Euxine Sea
耶路撒冷	Jerusalem
犹太人	Jews
加利利人	Galilee
阿比西尼亚	Abyssinian
贝雷奈斯四世	Berenice
塞琉古七世	Seleucus

附录 专有名词汉英对照

加图	Cato
奥卢斯·加比尼乌斯	Gabinius
阿克劳斯	Archelaus
米特拉达梯	Mithradates
贝雷奈斯四世	Berenice IV
安条克	Antiochus
塞琉古七世	Seleucus VII
罗得岛	Rhodes
高卢	Gaul
基里基雅	Cilicia
伦图卢斯	Lentulu
奥卢斯·加比尼乌斯	Aulus Gabinius
马克·安东尼	Mark Antony
伯狄诺斯	Pothinus
阿喀琉斯	Achillas
塞萨利	Thessaly
法尔萨利阿	Pharsalia
阿婆罗多洛斯	Apollodorus
阿尔西诺伊四世	Arsinoë
加伊莫德	Ganymede
卡布妮亚·皮索尼斯	Calpurnia Pisonis
阿尔西诺伊四世	Arsinoë IV
迪阿格利斯	Dioscorides
谢拉皮翁	Serapion
米特拉达梯	Mithradates
恺撒里昂	Caesarion
提尔	Tyrian
莱克星顿	Lexington
布鲁特斯	Brutus
卡修斯	Cassius
勒皮达斯	Lepidus
斯塔提里乌斯	Statilius
伊利里库姆	Illyricum
泽路库斯	Zeleucus

埃及艳后

阿波罗尼亚	Appollonia
三头政治	Triumvirate
波河	Po
亚得里亚海	Adriatic Sea
塞斯托斯	Sestos
达达尼尔海峡	Hellespont
阿比杜斯	Abydos
色雷斯	Thrace
斯特里蒙河	River Strymon
安菲波利斯	Amphipolis
都拉基乌姆	Dyrrachium
萨迪斯城	Sardis
泰提尼乌斯	Titinius
潘达洛斯	Pindarus
卢西鲁斯	Lucilius
斯塔提里乌斯	Statilius
斯特拉图	Strato
富尔维亚	Fulvia
狄力阿斯	Dellius
塞德纳斯河	Cydnus
塔尔索	Tarsus
菲洛塔斯	Philotas
库里奥	Curio
赫拉克勒斯	Hercules
凯瑟瑞达	Cytheride
西里西亚	Cilicia
狄力阿斯	Dellius
塔尔索	Tarsus
维纳斯	Venus
丘比特	Cupid
仙女	Nymph
菲洛塔斯	Philotas
阿克提姆	Actium
西顿	Sidon

附录 专有名词汉英对照

卡尼迪雅斯	Canidius
提纳鲁斯	Tsenarus
奥克塔维娅	Octavius
马凯鲁斯	Marcellus
托勒密十五世	Ptolemy XV
以弗所	Ephesus
卡尼迪雅斯	Canidius
萨默斯岛	Samos
爱琴海	Aegean Sea
帕加马	Pergamus
伊庇鲁斯	Epirus
法洛斯	Pharos
佩鲁斯阿姆	Pelusium
艾洛斯	Eros
查米恩	Charmion